당신은 합격할 자격이 있습니다

Copyright ⓒ 2021, 남현우
이 책은 한국경제신문*i*가 발행한 것으로
본사의 허락 없이 이 책의 일부 또는 전체를 복사하거나 무단 전재하는 행위를 금합니다.

당신은 합격할 자격이 있습니다

—— 남현우 지음 ——

취업 합격을 부르는 SLT 글쓰기

5,000명 합격을 도운 취업 디렉터가 알려주는 합격 비법

한국경제신문 *i*

| 프롤로그 |

자기소개서도 스펙이다

처음 자기소개서를 썼을 때 그 막막함이 아직도 내 손끝에 아련히 남아 있다. 4년 넘게 기자 준비를 하며 수백 개의 글을 쓴 나에게도 자기소개서는 신기루와 같았다. 머릿속에 맴돌지만, 막상 손을 뻗으면 잡히지 않는 그런 존재였다. 그럼에도 노력은 배신하지 않았다. 글을 많이 쓰다 보니 말로 설명하긴 어려워도 손이 움직였고, 훌륭한 글 한 편을 완성할 수 있었다. 아무것도 모르는 상태로 쓴 자유형 자기소개서를 제출해 총 10개의 기업에서 합격 소식을 받았다. 우연히 찍어서 정답을 맞힌 것과 같이 누군가가 나에게 자기소개서에 관해 물어보지 않았으면 했다.

문제는 어린 마음이었다. 합격했다는 사실에 기뻐서 SNS에 소식을 공유했다. 당당히 찍힌 합격이라는 글자가 다른 학생들의 마음을 흔들었다. 그 후 3건의 메시지를 받았다. 모두 자기소개서 작성 도움을 요청하는 내용이었다. 부담스럽긴 했지만, 또 다른 도전이라고 생각해 요청을 모두 수락했다. 작성하며 또다시 막연함과 동시에 두려움을 느꼈다. 미성숙한 용기가 이들의 인생에 악영향을 미치는 건 아닌지 걱정했다. 그렇지만 최선을 다했고, 결과는 3명 모두 합격이었다. 감사함을 표하는 그들을 보며 타인을 위해 취업 컨설팅해주는 일에 가치를 느끼기 시작했다. 그 후 소문이 퍼져 더 많은 사람에게 요청을 받기 시작했고, 서비스를 시작한 계기로 작용했다.

취업을 위한 글쓰기는 다르다

합격률을 높이려면 '세일즈 글쓰기'를 해야 한다. 자신을 칭찬하는 일에 인색한 한국인에게 가장 어려운 일이기도 하다. 자신의 매력을 극대화하는 방법은 상품 세일즈 과정을 생각해보면 알 수 있다. 세일즈를 잘하려면 크게 세 가지를 잘해야 한다. 첫째, 자기 분석이다. 상품에 대한 분석 없이 판매에 성공하기 어렵다. 자신을 철저히 해부해 어떤 성향과 철학을 지녔는지 확인해야 한다. 해당 부분은 '자기 분석표'를 통해 해결할 수 있도록 도와줄 예정이다.

둘째, 직무 분석이다. 직무 분석은 판매 물품의 용도를 명확히 아는 것과 같다. 청소기는 청소를 하는 데 쓰이고, 축구공은 축구를 위해 필요한 만큼 어디에서 최고의 효용성을 발휘할 수 있는지를 알아야 한다. 지원자 본인도 자신이 어떤 일을 하면 가장 높은 가치를 발생시킬 수 있을지 고민해야 한다. 살아 있는 직무 정보를 찾는 방법도 알려준다. 마지막으로 기업을 분석해야 한다. 소비자가 어떤 부분에서 도움이 필요한지를 알아야 적절한 상품을 제안할 수 있다. 자신의 강점 중 어느 부분에 집중하고, 어떻게 조직 발전에 이바지할지를 제안하려면 기업을 정확히 분석해야 한다. 이는 키워드 분석과 자료 조사를 통해 성취할 수 있다. 각 분야에 적합한 해결책을 제공함으로써 체계적으로 취업을 돕겠다.

취업 100% 성공하는 SLT 기법 자기 소개서

SLT 자기소개서는 스토리와 논리 모두를 충족시킨다. 아리스토텔레스(Aristoteles)는 설득을 위해 로고스(논리), 파토스(감정), 에토스(성품) 모두를 충족시켜야 함을 강조했다. 이 중에서도 에토스가 미치는 영향이 60%라고 설명한다. 에토스를 표현할 수 있는 문항은 성장 과정과 성격 장단점이다. 성장 과정은 가정환경을 쓰기보다 자신이 어떤 철학을 지니고 살아왔는지를 사례를 통해 보여줘야 한다.

그다음으로 중요하다고 말한 요소는 파토스다. 파토스는 스토리텔링을 통해 형성할 수 있다. 자기소개서 자체가 하나의 이야기다. 스토리에는 등장인물, 적대자(위험요소)가 모두 있어야 하며, 이를 극복함으로써 독자의 흥미를 자극한다. 자기소개서 예시를 작성할 때 이를 활용해 스토리를 구성할 수 있다. 어떤 상황에서 도전적인 과제를 해결해야 했는데, 자신만의 방식을 사용해서 성취했다는 흐름을 보여준다면 인사담당자의 흥미를 자극할 수 있다. 가장 도전적인 사례나 경험, 갈등 해결 사례를 묻는 문항 작성 시 적합한 흐름이다.

마지막으로 로고스다. 로고스는 자기소개서 전체 구성 시 활용할 수 있다. 논리의 기본 3요소는 Why, What, How다. 이를 자유형 자기소개서 양식에 적용해보겠다. Why는 지원동기다. 지원동기를 통해 회사에 대한 관심도를 설명할 수 있다. 그 후 What을 제시해야 한다. What은 자신의 강점이다. 자신이 어떤 경쟁력을 지니고 있는지 설명함으로써 회사에서 필요한 인재임을 증명해야 한다. 마지막으로 How는 입사 후 포부다. 입사 후 자신이 어떤 식으로 이바지할 건지를 제시함으로써 자신이 회사에 필요하다는 사실을 보여줘야 한다. 이와 같은 구성은 합격률을 극대화할 수 있다. 뒤에서 좀 더 상세하게 다룰 예정이다.

"스펙 없이 취업할 수 있을까요?"

'토익 점수, 각종 대외활동, 인턴 경험' 등 자기소개서 작성을 위해 텅 빈 화면을 보면 왠지 모를 죄책감을 느낀다. 이력서에 빈 공간은 마치 자신이 열심히 살지 않았다는 증거라고 생각한다. 이 칸을 채워 넣지 못하는 사실에 자신감이 하락한다. 스펙이 부족하다고 자책하는 사람에게 다음과 같이 말해주고 싶다. "스펙, 있으면 좋지만 없어도 취업할 수 있다." 소위 스펙은 취업을 도와주는 보조 도구이지 핵심은 아니다. 건강을 좋게 유지하기 위해 존재하는 영양제와 같다. 영양제가 없다고 사람이 죽진 않는다. 다만, 있으면 좋을 뿐이다.

영양제는 음식을 대체할 수 없다. 그 음식은 바로 여러분의 경험이다. 지금까지 살아오며 쌓아온 개인의 가치관과 철학이 자기소개서 당락을 결정한다. 평범한 경험이 다른 누군가에게는 매력적으로 보일 수 있다. SNS 친구가 500명 이상 있을 정도로 인간관계가 좋거나 타인을 설득하는 역량이 뛰어나 대외 활동에서 좋은 결과를 얻은 점 등 조금만 자신을 살펴보면 맛있는 소재를 찾을 수 있다. 이번 책을 통해 맛있는 음식을 찾고, 만들고, 고객에게 제공하는 모든 과정을 다룰 예정이다. 취업을 준비하며 자신감을 되찾고 싶은 분들에게 이 책을 조심스레 권유한다.

대기업, 외국계기업, 중견기업, 중소기업, 스타트업 취업 합격을 도와준 경험을 바탕으로 여러분도 단기간 만에 취업할 수 있도록 돕겠다. 책을 읽고 나면 '어? 엄청나게 어려운 건 아닌데 취업 합격에 큰 영향을 미치겠다'라는 생각이 들 것이다.

지금 중요한 건 토익 점수나 대외 활동이 아니다. 정확한 방법으로 취업 준비를 하는 것이다. 이 책에서 말하는 바를 모른다면 합격까지 최소 1년은 더 소요될 수도 있다.

'열심히'가 아니라 '똑똑하게' 취업 준비에 임하자. 첨삭하다 보면 '문장력과 합격 자기소개서'에 집중하는 취업 준비생을 만난다. 서비스를 받은 후 "아! 제가 잘못 알고 있었네요"라는 말을 하며 서류 합격 문자를 보내는 모습을 보며 다른 사람들도 같은 문제를 겪고 있음을 알 수 있었다. 이와 같은 문제를 해결하고 스마트하게 취업 준비할 수 있게 돕기 위해 이 책을 출판한다. 소중한 인생을 취업 준비에 낭비하지 말고 정확한 방법으로 단기간에 합격하자.

| 목차 |

프롤로그 | 자기소개서도 스펙이다　◦4

1장 | 당신의 취업이 늦어지는 이유

취업에도 전략이 필요하다　◦17
합격률이 높은 자기소개서는 뭐가 다를까?　◦23
취업 시작하기 전에 반드시 해야 할 세 가지　◦30
자기 분석표 작성을 통해 나를 분석하자　◦36
나한테 맞는 기업 찾는 법　◦45
합격을 가르는 2% 차별성 부여하는 비법　◦51
스펙과 취업의 연관성　◦57
유용한 정보가 필요하다면 여기를 방문하자　◦63
취업 준비 시 흔히 하는 실수　◦77
이 간단한 방법으로 합격률을 2배 올리세요　◦82

2장 | 취업의 90%는 자기소개서다

자기소개서는 기업에 하는 고백이다　◦91
글쓰기 역량보다 중요한 것　◦97
단순해야 잘 팔린다　◦103
취업 성공의 출발점, 자기소개서　◦108
글쓰기를 못 하는 당신에게 하는 긴급처방　◦112
허접한 자기소개서의 퀄리티를 올려주는 다섯 가지 비법　◦117

합격한 사람들은 다 알고 있는 '이것'   ◦122
글을 끈끈하게 만드는 세 가지 기술   ◦126
안 보면 후회할 글쓰기 비법   ◦131
인사담당자에게 선택받는 자기소개서의 비밀   ◦136

3장 | 취업 치트키, SLT 기법

SLT 글쓰기만 알아도 취업이 쉬워진다   ◦145
논리는 두 가지만 알면 끝난다   ◦150
SLT 기법이 취업률을 높여줄 수밖에 없는 이유   ◦154
자기소개서 템플릿만 알아도 취업 고민 끝!   ◦158
자유형 자기소개서에서 SLT 글쓰기 – 논리형   ◦163
자유형 자기소개서에서 SLT 글쓰기 – 에토스형   ◦168
모르면 탈락하는 자기소개서 작성 꿀팁   ◦174
소제목은 이렇게 쓰자   ◦180
경력직 채용 완벽 정복   ◦185

4장 | 5,000명을 컨설팅한 자기소개서의 비밀

문과생이 삼성 이공계 직무에 합격하다   ◦195
삼성 합격 자기소개서로 보는 대기업 합격 비결   ◦200
NCS 자기소개서 이렇게 안 쓰면 떨어진다   ◦208
농협 합격 자기소개서로 살펴보는 금융권 취업 전략   ◦216
카카오 자기소개서로 IT기업 입사하기   ◦226

자율형 자기소개서 쉽게 쓰는 비결　◦231
취업 준비생이 가장 많이 물어본 질문 TOP 3　◦238
합격한 취업 준비생은 이런 특징을 지니고 있다　◦244
서류 지원에도 전략이 필요하다　◦249

5장 | 서류 합격한 후 반드시 해야 할 것들

면접 합격률 200% 향상 비결　◦257
AI 면접 대비 비결　◦262
PT 면접, 템플릿만 알면 쉽게 합격한다　◦266
가장 적절한 면접 준비 시기　◦270
합격을 부르는 행동 vs 불합격을 부르는 행동　◦274
면접 준비하는데 보고서를 써야 하는 이유　◦278
면접관을 내 팀으로 만드는 비결　◦282
최종 합격한 당신에게 해주고 싶은 말　◦286

감사의 말　◦289

WE ARE HIRING

WE ARE HIRING |

| 1장 |

당신의 취업이
늘어지는 이유

WE ARE HIRING

취업에도 전략이 필요하다

"저는 스펙도 좋고, 경험도 많은데 왜 계속 불합격하는 걸까요?"

자기소개서 컨설팅 의뢰자와 통화한 후 처음으로 들은 말이다. 그는 나이가 26살이었다. 학점 4.0, 토익 점수 900, 마케팅 공모전 입상, 각종 봉사활동, 인턴 경험 2회라는 화려한 스펙을 지니고 있었다. 군대를 제대하고 길지 않은 시간 안에 최선을 다해서 쌓은 스펙이라는 것을 확인할 수 있었다. 그의 침울한 목소리를 뒤로한 채 되물었다. "의뢰자께서 생각하시기에 어떤 부분이 문제인 거 같으세요?" 그는 당황한 듯했다. "그걸 진짜 모르겠어요. 남들 다 놀때 열심히 공부했는데 왜 저는 서류 전형 통과조차 쉽지 않은 걸까요?"

스스로 문제 원인을 깨닫게 해주기 위해 의뢰자가 지원한 기업과 직무를 나열했다.

'전자기기 전문 A기업 마케팅팀', '항공사 B기업 전략기획팀', '금융전문기관 C기업 행원.' 시간을 하루 주고 답을 찾으라고 말했다. 해답은 그 안에 있다는 힌트를 제공했다. 다음 미팅까지 기다렸다. 다음 날 아침 그에게 카톡을 받았다. "아…. 제가 생각 없이 지원하고 있었네요." 정확하다. 취업 준비생 대부분이 저지르는 가장 큰 실수다. 자기소개서는 '쓰기'가 중요한 게 아니라 '찾기'가 중요하다. 자신이 어떤 부분을 잘하는지 '찾아야' 하고, 어떤 기업이 적합한지 '찾아야' 하고, 어떤 직무가 적성에 맞는지 '찾아야' 한다. 하지만 90% 이상 사람들이 자기소개서를 찾지 않고 쓴다. 이렇게 중요한 '찾기'를 간과하고 생각 없이 쓰기만 하면 당연히 불합격한다.

취업은 전략적으로 접근해야 한다. 계획 없는 지원은 상처만 남는다. 전략 없이 자기소개서를 쓰는 것은 목적지 없이 지하철을 타는 것과 같다. 자신이 어디를 향하는지 모르고 앞으로만 달린다. 종착지에 도달하고 나서야 왜 자신이 여기 있는지 묻기 시작한다. 주변을 살피며 자신이 어디 있는지 파악해야 한다. 결국, 후회하고 원점으로 돌아온다. 이직을 준비하는 사람들이 많이 하는 실수 중 하나다. 올바르게 목적지에 도달하려면 자신이 갈 종착지를 정하고, 지하철 노선도를 본 후 열차에 타야 한다. 취업도 마찬가지다.

우선, 자신이 어디를 가야 할지 정해야 한다. 기업 분석이 중요한 이유다. 기업을 분석하려면 단순히 채용공고만 살펴봐서는 안 된다. 실제로 기업 제품을 사용해보고, 관련 기사를 찾아보고, 현직자 말을 들어봐야 대략적인 감이 잡힌다. 과연 이 기업이 나와 적합한 기업인지를 사전에 철저히 분석해야 한다. 많은 사람이 이 부분은 간과한다. 일단 취업하고 보자는 생각으로 무작위로 지원한다. 기억하자. 인간은 생각하는 동물이다. 전부 경험하지 않아도 미리 계획한다면 고통을 피할 수 있다. 넘어지면 아프다는 사실을 배우기 위해 직접 시행해보지 말자. 꼭 넘어져야만 알 수 있는 게 아니다.

그 후에는 지하철 노선도를 살펴봐야 한다. 취업에서 지하철 노선도는 '올바른 정보'다. 올바른 정보를 판별하는 기준은 간단하다. 사용했을 때 실질적으로 효과가 있었는지 알아보면 된다. 실제로 채용 시장에는 자신이 취업 전문가라고 홍보하는 사람이 많다. 필자는 초반에 경쟁사들은 어떻게 서비스를 제공하는지 알아보기 위해 직접 구매해봤다. 자유형 자기소개서였고, 문항당 500자 정도를 작성한 후 서비스를 맡겼다. 정확한 실력 파악을 위해 문장력은 높이고 흐름과 소재를 일부러 어색하게 만들었다.

결과는 충격적이었다. 첨삭 서비스긴 해도 말 그대로 '문장만 수정'한 결과물을 전달 받았다. 글쓰기 소재가 잘못됐는데 어떻게 문장만 수정해서 줄 수 있는지 이해할 수 없었다. 특히, 단문으로 쓴 문장들을 복문으로 바꾼 경우가 대부분이었다. 기자를 했을 정도로 문장력에는 큰 문제가 없었는데 그 부분에만 집중해서 작성했다. 상한 재료를 가지고 요리를 하면 요리전문가 백종원이 와도 맛없는 음식이 나온다는 사실을 전혀 모르는 것 같았다. 그 전문가는 해당 플랫폼에서 1위를 하는 사람이었는데 결과물을 보고 얼마나 많은 사람이 피해를 봤을지 안타까운 심정이 들었다.

해당 사건을 겪은 이후 알 수 없는 죄책감이 들었다. 플라톤 (Plato)이 말한 '이데아'를 아는 사람이 이런 심정을 느꼈을 거란 생각을 했다. 플라톤은 우리가 사는 세상이 현상들로 이뤄져 있다고 했다. 그는 동굴 우화로 이데아를 설명했다. 이야기 속 사람들은 쇠사슬에 묶여 있어 동굴을 탈출할 수 없다. 그들 뒤에는 불이 타고 있다. 사람들은 불 때문에 생긴 그림자만 보고, 이것을 진짜라고 생각한다. 그러다 한 사람이 탈출에 성공한다. 동굴에서 탈출한 그는 태양을 바라보며 자신이 그동안 봤던 그림자는 허상이었음을 깨닫는다. 다시 동굴로 돌아와서 사람들에게 이데아를 설명하지만, 사람들은 믿지 않는다.

이야기 속에서 동굴을 탈출한 사람처럼 아무리 올바른 취업 방법을 설명해도 말을 믿고 따르는 사람들은 많지 않았다. 신규 전문가를 믿는 사람은 극소수였다. 결국, 실력으로 증명할 수밖에 없다는 생각을 했다. 서비스를 제공하며 합격한 사례를 지속적으로 업데이트해서 공유했다. 삼성, CJ, 공기업 등 인지도가 높은 기업에서 합격 사례가 속출하자 사람들이 관심을 기울이기 시작했다. 서비스 시작 전에 상담을 먼저 진행했다. 어떻게 준비해야 하는지 설명했다. 자기 자신을 분석하고, 적합한 기업의 정보를 파악해서 직무를 선택한 후에 지원해야 한다는 사실을 알려줬다. 믿고 따르는 사람들이 증가했고, 합격률 80%라는 기적을 만들어냈다.

필자는 자기소개서 5,000개를 컨설팅하며 올바른 작성 방법을 알아냈다. 이렇게 찾아낸 방법이 바로 이 책을 기술한 이유이기도 하다. 취업 준비로 인해 어려움을 겪고 있는 사람들에게 잘못된 정보로 더 큰 고통을 주는 것을 보고만 있을 순 없었다. 전문가는 말보다는 실력으로 증명해야 한다고 생각한다. 실질적으로 기업에 합격한 사례가 없다면 아무리 문장력이 좋다고 해도 올바른 자기소개서 작성 방법이 아니다. 취업을 위해 휴학을 하고, 서류 탈락을 수없이 많이 해서 당연하다고 생각하는 사람들은 이 책을 반드시 읽었으면 한다.

필자가 알려주는 방법을 그대로 따른다면 취업은 3달 안에 할 수 있다. 취업의 시작이 자기소개서인 만큼 서류 합격을 중점적으로 다뤄보겠다. 그 후 면접 합격률을 높이는 비결을 공개하고자 한다. 실제로 해당 방안을 활용해서 1,900대 1이라는 경쟁률을 뚫고 합격한 사례도 있다. 듣고 나면 어려운 방법이 아니라는 사실을 깨달을 수 있다. 프로와 아마추어 차이는 사소함과 디테일에서 나온다. 취업에서 프로가 되려면 이 섬세함을 익혀야 한다. 이 책은 여러분의 취업 역량을 예리하게 만들어주는 '숫돌'과 같은 역할을 할 것이다. 취업 준비라는 고난을 단번에 이겨내고 빠르게 합격하길 바란다.

합격률이 높은 자기소개서는
뭐가 다를까?

　자기소개서 컨설팅 문의를 받으면 합격 자기소개서 예시를 보여 달라는 말을 많이 듣는다. 가장 난감한 경우는 직접 합격 자기소개서를 보여주며 해당 양식과 동일하게 써달라고 요구하는 경우다. 역으로 묻고 싶다. 과연 해당 양식에 맞춰 글을 쓰면 합격할 수 있을까? 아닐 확률이 90% 이상이다. 이유는 두 가지다. 우선 해당 자기소개서가 잘 쓴 거라는 보장이 없다. 서류 전형을 평가하는 방식은 기업마다 다르다. 스펙을 70%, 자기소개서를 30% 비중으로 점수를 매기는 기업도 많이 봤다. 이런 상황에서 자신이 어렵게 구한 합격 자기소개서가 스펙 때문에 합격한 게 아니라는 보장은 없다. 보기만 해도 한숨이 나오는 합격 자기소개서를 보여주면 설명하는 데 시간이 더 오래 걸린다. 그런데도 끝까지 해당 양식에 맞춰 달라는 요구가 있으면 그냥 맞춰서 작성해준다. 추후 의뢰자는 되묻는다. "저는 왜 불합격한 걸까요?" 답은 이미 명확하다.

또 다른 이유는 자기소개서는 문장력보다는 소재가 더 중요하기 때문이다. 국내 기사를 잘 쓰는 기자들이나 김훈 작가와 같은 필력이 좋은 사람이 자기소개서를 쓴다고 무조건 합격하진 않는다. 글을 잘 쓴다고 평가받는 유시민 작가가 쓴 자기소개서도 100% 합격률을 보장할 수는 없다. 예를 들어보자. 실제로 자기소개서를 첨삭했던 학생 중에 호텔관광경영학과 학생이 있었다. 그녀가 지원한 회사는 국내 유명 은행이다. 토익 점수도 없고, 유관 경험이 전혀 없어서 스펙이라고 할 만한 것이 없었다. 다만, 부모님의 농사를 돕거나 단순한 아르바이트를 한 게 전부였다. 소재가 없고, 해당 기업과는 연관된 점이 없으므로 100% 떨어질 거라 예상했다. 해당 학생은 탈락해도 상관없으니 자기소개서를 첨삭해달라고 했다. 이런 상황에서 명필가가 와서 그 학생의 자기소개서를 써준다고 해도 합격할 확률은 10% 미만이다.

대부분의 사람은 '문장력'에 집중한다. 문장력은 합격률을 높이는 요인 중 하나지 전부가 아니다. 문장력이 아니라 자기 자신을 먼저 분석하고, 자신의 능력이 해당 기업에 지원할 정도의 수준이 되는지 먼저 확인해야 한다. 필자도 실제 채용 과정에 참여하면 채용할 사람이 없음을 느끼곤 한다. 자기소개서에 기업명을 잘못 적거나, 자기 전공이나 능력과 전혀 상관없는 직무에 지원하기도 한다. 태권도 선수가 권투 시합에 참여하겠다는 것과 마찬가지다. 그러고 시합에서 지면 왜 졌는지 모르겠다고, 자신은 열심히 연습했다고 하소연하는 상황이 취업 준비생들 사이에서 발생하고 있다. 토익이나 봉사활동, 기자단에 투자할 시간의 반 정도라도 자신과 자신이 지원할 기업, 직무 분석에 시간을 기울이자.

백문이 불여일견이다. 이제 실질적으로 필자가 작성한 합격 자기소개서를 보면서 어떤 부분에서 잘 썼는지 함께 확인해보자. 합격 자기소개서를 단순히 읽기만 하지 말고 실질적으로 분석해보며 어떻게 써야 하는지 느껴보라. 지금은 구체적인 작성법을 알려고 하기보다 흐름을 파악해보자.

[질문] 본인의 성장과정을 기술하세요.

[답변] "10년 이상 한 길만 걸어오다."

'도전이 성공을 이끈다.' 제가 항상 지켜온 가치관입니다. 어렸을 때부터 경험의 중요성을 강조한 부모님의 영향으로 다양한 활동을 했습니다. 음악,

미술, 체육부터 여러 가지 학문을 경험하며 제가 어느 부분에 강점을 보이는지 확인했습니다. 대부분 활동에 흥미를 느꼈지만, 가장 큰 매력을 느낀 분야는 경제였습니다. 돈은 삶과 직접적인 연관이 있었기에 더 흥미를 느꼈습니다. 특히, 로버트 기요사키의 "부자 아빠 가난한 아빠"는 제 삶에 큰 영향을 미쳤습니다. 노동의 가치가 가장 신성시되는 사회에서 돈으로 돈을 번다는 발상은 제 사고방식을 완전히 바꿨습니다. 그 후로 경제에 대해 더 관심을 갖기 시작했습니다. 문제는 국내에서는 성장에 한계가 있다는 점이었습니다. 경제 교과서는 현실보다는 이론에 치중했고, 학생 신분으로 경제 분야를 심층적으로 접하기 어렵다는 문제가 발생했습니다. 좀 더 다양한 경험을 위해 미국으로 유학을 떠났습니다.

혼자 유학 생활을 하는 건 쉽지 않았습니다. 미국인이 운영하는 홈스테이에서 생활하며 언어와 경제를 동시에 학습했습니다. 힘든 생활을 극복할 수 있었던 이유는 좀 더 폭넓은 공부를 할 수 있었기 때문입니다. 한국에서는 암기 위주로 학습했다면 미국에서는 원리에 대해 더 집중했습니다. 또한, 왜 그렇게 생각하는지 그 과정을 도출하는 게 중요했기에 빠르게 실력을 키웠습니다. 해외 주식과 경제에도 관심을 가지며 다양한 지식을 습득할 수 있었습니다. 경제를 공부할수록 수학의 중요성을 체감했습니다. 이에 고등학생 시절 이공계를 선택함으로써 수학 역량을 키웠습니다. 관심이 있는 분야였던 만큼 반에서 수학 과목 1등을 할 정도로 실력을 키웠습니다. 대학 전공도 국제 경제학과에 진학하여 꿈을 구체화했습니다. 이처럼 오랜 기간

한 분야를 학습한 만큼 전문성이 뛰어납니다. 지금까지 해온 경험을 바탕으로 입사 후에도 성과를 창출하겠습니다.

합격 자기소개서는 성장 과정부터 다르다. 성장 과정이 중요한 이유는 인사담당자가 여러분에게 감정이입을 할 수 있게 만들기 때문이다. 마블(Marvel) 영화에서 주인공 과거를 항상 보여주는 이유다. 대표적인 사례는 '샹치'다. 그는 악하지만 강한 아버지와 선하면서도 강력한 힘을 보유한 어머니 사이에서 태어난다. 샹치의 아버지인 '웬우'는 아내를 만난 후 악행을 멈추려고 하지만, 악당에 의해 아내가 살해되자 다시 폭력성을 드러낸다. 샹치는 그런 아버지 밑에서 각종 살인 기술을 배우며 성장한다. 이와 같은 배경 설명을 들은 후에야 관중들은 샹치라는 캐릭터에 더 크게 빠져든다.

자기소개서도 마찬가지다. '화목한 부모님 아래 유복한 환경에서 자랐다'라고 쓰는 건 탈락하고 싶다는 말과 같다. 자신만의 차별화된 철학과 가치관을 성장 과정을 통해 보여줘야 한다. 그런 의미에서 위에 제시한 합격 자소서는 교과서적이라고 볼 수 있다. 처음에는 자신의 가치관을 드러낸다. 그 후 가치관을 삶에서 어떻게 실현했는지, 왜 그런 철학을 지니게 됐는지 설명한다. 최종적으로는 가치를 바탕으로 유학이라는 어려움을 극복하는 과정을 보여줌으로써 인사담당자에게 공감을 불러일으킨다. 문제를 해결하며 직무 전문성을 어떻게 키웠는지도 보여줬기에 좋은 평가를 얻을 수 있었다. 감정을 자극해야 합격할 수 있다는 불문율을 잊지 말자.

아래 문항 역시 합격 자기소개서다. 해당 문항을 직접 분석해보며 어떻게 작성해야 할지 고민해보자. 자세한 작성 기법은 나중에 제시할 예정이며, 그걸 본 후에 다시 돌아와서 확인하면 왜 문항이 예시와 같이 작성됐는지 깨달을 수 있다. 계속 예시를 보여주는 이유는 자기소개서 쓰기의 감을 익히기 위해서다. 잘 쓴 합격 자기소개서를 보는 것은 실력 향상에 큰 도움을 준다.

[질문] 본인의 가치관은 무엇이며, 가치관이 일치하지 않는 사람과의 협업 시 프로젝트를 성공하기 위한 본인의 전략을 기술하시오(500자 이내).

[답변] "없으면 만들면 된다. 태도가 결과를 결정한다."

제 가치관은 '포기하지 않으면, 이루지 못할 것은 없다'입니다. 사고의 차이가 다른 결과를 만든다는 사실을 학술제 성공을 통해 증명했습니다. 기획국장으로 활동하며 이공계 학술제를 담당했습니다. 전년보다 예산이 1,000만 원이 줄면서 행사를 취소하자는 의견이 대다수였습니다. 저는 포기하지 않고, 예산이 없으면 만들면 된다고 하며 발상의 전환을 이끌었습니다. 대부분이 예산은 대학에서 받아야 한다는 고정관념을 지니고 있었습니다. 외부에서도 예산을 구할 수 있음을 객관적인 근거 자료를 통해 설명했고, 행사 진행으로 의견을 모을 수 있었습니다. 우선, ○○센터를 통해 이공계 학술제를 지원해줄 수 있는 기업을 찾기 시작했습니다. 50번 이상 연락한 끝에 S기업에서 지원금 ○○만 원을 받았습니다. 대학 근처 식당을 대학 커뮤니티에 홍보하는 조건으로 추가 예산을 확보하기도 했습니다. 그 결과, 예산 문제없이 행사를 성공적으로 마무리할 수 있었습니다.

취업 시작하기 전에
반드시 해야 할 세 가지

아늑한 방 안에 남자 한 명이 앉아 있다. 지훈이는 올해 26살 졸업을 앞둔 대학생이다. 작년 상반기 채용에 실패해서 하반기 취업을 노리고 있다. 경영학과를 졸업했기 때문에 영업, 회계, 마케팅, 기획 등 다양한 부서에 지원하기로 계획했다. '그래 역시 문과는 경영학과지. 아무거나 지원할 수 있잖아.' 남자는 자신이 취업한 후의 모습을 상상하며 채용공고 전문 사이트에 접속한다. 자유양식 자소서는 이미 작성해뒀기에 '즉시 지원'이 가능한 곳만 찾는다. 30분간 50개 기업에 지원을 완료했다. 아직 합격은 하지 않았지만 뿌듯한 마음이 든다. '50개 정도 지원했으면 한 곳에서는 연락 오겠지.' 남자는 자신은 최선을 다했다고 생각하며 채용 사이트를 닫는다. 그리고 바탕화면에 있는 익숙한 게임 아이콘을 클릭한다. 게임 안에서 오늘은 누구를 만날지 벌써 기쁘다.

지훈이는 취업 준비생이 흔히 하는 실수를 모두 저질렀다. 일단, 직무와 자신에 대한 분석 없이 학과를 기반으로 지원을 결심했다. 경영학과라고 해도 그 안에서 본인에게 적합한 직무를 선택해야 한다. 남들이 다 하는 토익, 대외활동과 학점만을 고려한 채 다양한 직무에 지원하는 것은 뜰채로 강에서 낚시하는 것과 같다. 장비 하나가 있다고 낚시에 성공하는 것이 아니다. 적합한 바늘에 미끼를 설치해야 물고기를 잡을 수 있다. 바늘은 처음에는 뭉뚝하지만 갈면 갈수록 날카로워진다. 바늘을 가는 과정은 바로 자신을 분석하는 과정이다. 어떤 부분에 강점이 있는지를 생각해야 한다. 이에 더해 유관 경험이라는 적절한 미끼가 있어야 한다. 자기 분석이 필요한 이유다.

자기 분석과 직무 분석이 끝난 후에는 기업을 조사해야 한다. 기업이 어떤 제품을 만드는지, 어떤 정책을 펼치고 있는지를 알아야 한다. 기업에 관심을 보이면 보일수록 그 기업도 당신에게 호감을 느낀다. 썸남, 썸녀와 연락할 때 가장 먼저 하는 일은 서로를 알아가는 것이다. 어떤 것을 좋아하고, 어떤 특색을 지녔는지를 알아야 그다음 단계로 갈 수 있다. 취업도 마찬가지다. 기업을 모르는 상태로 소개팅에 나가면 결과는 뻔하다. 기업은 채용에 엄청난 시간과 비용을 투자한다. 기업이 그 정도로 여러분에게 성의를 보이면 이에 맞게 관심을 두는 것이 당연지사다. '자세히 보아야 예쁘다. 그래 보아야 사랑스럽다. 너도 그렇다'라고 나태주 시인이 쓴 것과 같이 기업을 상세히 살펴보자. 볼수록 새로운 매력을 발견할 수 있을 것이다.

이처럼 자기소개서를 작성할 때에는 세 가지 모두를 해야 한다. 자아 분석, 기업 분석, 직무 분석 셋 중 하나라도 부족한 부분이 있다면 취업에 성공하기 어렵다. 자기 분석은 나에 대한 이해도를 높이는 과정이다. 자기 자신을 얼마나 잘 알고 있다고 생각하는지 자문해보자. 자신은 크게 두 가지로 나뉜다. 사회적 자아와 본질적 자아다. 사회적 자아는 페르소나(Persona)라는 단어와 연관이 있다. 페르소나는 고대 그리스 가면극에서 배우들이 썼다, 벗었다 하는 가면을 말한다. 확성기가 없었기에 고깔을 붙여 놓고, 감정을 가면에 새겼다.

페르소나는 추후 심리학 용어로 변화했다. 자신이 보여주고 싶은 모습을 위한 가면이라는 뜻을 지닌다. 평소에 사회생활을 하며 자신을 살펴보면 상황마다 다르다는 것을 발견할 수 있다. 친한 친구와 어색한 사람과 있을 때를 비교해보자. 전혀 다른 모습을 보게 된다. '집에서 나'와 '학교에서 나'는 또 다르다. 이처럼 자신이 보여주고 싶은 모습과 특성이 사회적 자아다. 사회적 자아를 살펴보면 자신이 어떤 모습으로 외부와 교류하는지 알 수 있고, 이를 분석함으로써 성향을 파악할 수 있다. 자신은 내향적인 사람인지, 외향적인 사람인지 파악해보자.

본질적 자아 분석을 통해 자신을 심도 있게 이해할 수 있다. 어떤 가치관과 철학을 지녔는지 분석해야 한다. 본질적 자아 분석이 중요한 이유는 자기소개서의 깊이를 결정하기 때문이다. 아리스토텔레스가 타인을 움직일 때 가장 큰 영향을 미치는 요인이 에토스(철학, Ethos)라고 말할 정도로 가치관과 철학은 중요한 합격 요인이다. 채용은 결국 사람이 한다. 좋은 비전과 가치관을 지닌 사람을 희망한다. 자신이 어떤 생각으로 삶을 살아가는지 자기소개서에서 표현한다면 합격에 큰 영향을 미칠 수 있다. 이를 무시하고 채용 과정에 참여한다면 방향을 잃고 표류한다. 이직률이 높은 이유도 여기에 있다. 언젠가는 해야 할 고민인 만큼 나중에 하지 말고, 미리 해서 시간을 절약하자.

기업 분석은 현실적으로 온라인에 의존할 수밖에 없다. 2000년대 초반이었다면 난감한 상황이겠지만 현재는 다르다. 인스타그램, 페이스북, 유튜브 등 다양한 채널을 보유한 기업이 증가하고 있다. 최종적으로 기업 홈페이지를 살펴봄으로써 기업이 추구하는 방향,

문화, 분위기 등을 파악할 수 있다. 온라인만으로도 방대한 자료를 얻을 수 있다. 여러분은 과연 기업에 지원할 때 기업 홈페이지라도 접속해보는지 생각해보자. 그 안에서 '홍보자료', '중점 사업'과 같은 모든 카테고리에 들어가봐야 한다. 또한, 우리는 한번에 모두 기억하는 천재가 아니므로 필기하거나 반복적으로 확인함으로써 내용을 정확히 숙지해야 한다. 이 정도의 노력을 보이지 못할 거라면 지원하지 않는 편이 서로에게 좋다.

직무 분석은 자신이 어떤 일을 할지 정확하게 파악하는 것을 뜻한다. 마케팅이라고 해서 다 같은 마케팅이 아니다. 마케팅 안에서도 디지털, 퍼포먼스, 데이터 마케팅 등 다양하게 나뉜다. 또한, 퍼포먼스 마케터라고 해서 기업마다 다 같은 업무를 하는 것도 아니다. 기업 규모와 업종, 보유 SNS 채널 유무에 따라 달라진다. 기업을 조사하는 것만큼 직무에 대해서도 자료 검색이 필요하다. 직무 자료는 온라인 자료의 한계가 명확한 분야여서 막연함을 느끼는 취업 준비생도 많다. 이를 극복하기 위한 치트키(취업 치트키)를 추후에 공개할 예정이니 잘 보고 따라오길 바란다.

다시 한번 강조하지만 결국 취업은 노력이 결정한다. 토익 900점을 얻기 위해 공부하는 시간의 10%만 투자해도 충분하다. 남들이 하니까 나도 해야 할 거 같아서 하는 기자단, 봉사는 큰 의미가 없다. 취업은 시험이 아니기 때문이다. 글을 잘 쓰거나 화술이 뛰어나다고 무조건 채용이 되는 것도 아니다. 오히려 기업과 직무에 이해도가 높은 사람이 더 좋은 평가를 받는다. 큰 연관이 없는 스펙에 집중하지 말고 본질을 파악하자. 20년 이상 타인이 정답을 정해줬지만, 지금은 여러분 스스로 답을 찾아 나가야 한다. 규칙이 바뀐 만큼 방법도 다르다. 달리기 전에 목표는 한번 보고 달려야 원하는 방향에 도달할 수 있다. 취업이 그렇다.

자기 분석표 작성을 통해
나를 분석하자

자기 분석표는 총 열 가지 질문으로 구성됐다. 자신을 이해하는 데 도움을 주는 유용한 도구다. 다양한 직무적성 검사가 있지만, 일반화하려는 경향이 강해 자신을 모두 설명할 수 없다는 문제가 있다. 이를 극복하기 위해 만든 자료가 자기 분석표다. 질문에 답할 때 중요한 두 가지는 다음과 같다. 첫째, 의식의 흐름대로 기술하라. 말 그대로 큰 고민 없이 떠오르는 내용을 기술하는 데 집중하라는 뜻이다. 문장력, 흐름 등 부가 요인에 신경 쓰지 말고 편하게 쓰자. 자기 분석표는 타인에게 평가받기 위해 쓰는 것이 아닌 만큼 자기 생각을 솔직하게 표현하자. 분량도 신경 쓰지 말고 자유롭게 적어보자. 500자도 좋고 5,000자도 괜찮다. 부담을 느끼지 않는 게 가장 중요하다. 쓰기 전에 커피를 마심으로써 감정의 윤활유를 바르고, 좋아하는 음악 한 곡을 플레이하자. 쓰기도 나름 재미있다는 것을 깨달을 수 있다.

두 번째로 유의해야 하는 사항은 수치 기반으로 작성해야 한다는 점이다. 올바른 방식은 "A기업에서 마케팅 직무로 근무했습니다. ○○프로젝트에서 페이스북을 통한 광고를 집행해 판매율을 20% 향상시켰습니다. 저는 이때 광고 기획과 콘텐츠 제작을 담당했습니다. 이와 같은 역량을 A기업 ○○프로젝트 진행 시 활용하겠습니다"와 같이 구체적으로 작성한다. 하지만 대부분이 추상적인 표현을 사용한다. "A기업에서 마케팅 직무로 근무했습니다. 열심히 노력해서 매출을 높게 향상시켰습니다. 온라인 마케팅 광고를 했기 때문에 가능한 결과였습니다"라고 기술하면 높다는 기준이 사람마다 달라진다는 문제가 발생한다. 인사담당자의 머릿속에 의문을 남기는 자기소개서는 좋은 평가를 받지 못한다. 이제 본격적으로 10개 질문에 대해 살펴보자.

1. 성장 과정(유년 시절, 가정환경 및 교육, 인생철학, 지켜온 신념)

성장 과정을 작성하라고 하면 가장 먼저 떠오르는 사항이 가정환경이다. 자신이 어떤 환경 속에서 살아왔는지 작성해보자. 부모님은 어떤 철학을 지니고 자신을 교육했는지, 어렸을 때 어떤 취미를 가지고 있었는지 자유롭게 기술해보자. 성장 과정인 만큼 자기 역사를 기술해야 한다. 한 시기에만 집중하지 말고 인생 그래프를 그린 후 시기마다 있었던 중요한 일들을 떠올려보자. 성장 과정을 통해 발견한 특이점은 자기소개서 작성 시 큰 힘을 발휘한다. 실제 합격한 자기소개서 서문을 살펴보면서 어떻게 활용했는지 알아보자.

끊임없이 노력하는 삶을 살았습니다. 어린 시절부터 부모님께서는 결과보다는 과정을 중요시했습니다. 좋은 성적으로 칭찬을 받은 적은 없지만, 어려운 일에 끝까지 도전하는 모습을 보이면 높게 평가해 주셨습니다. 자연스레 어떤 일을 하고 난 후 '최선을 다했는지' 스스로 돌아봤습니다. 이와 같은 삶의 태도는 성인이 된 후 좋은 영향을 미쳤습니다. 가장 기억에 남는 사례는 영국으로 워킹 홀리데이를 떠났을 때 핵심 직원으로 인정받은 일입니다. 당시 영국의 한 호텔에서 하우스 키퍼로 근무했습니다. 객실 손님과 마주치지 않고, 간접적인 서비스를 제공하는 업무를 담당했습니다. 예약 일정에 맞춰 제한된 시간 내 객실을 정리해야 했습니다. 평소에는 어려움이 없었습니다. 문제는 성수기에 수많은 손님이 몰릴 때였습니다.

(후략)

2. 학창시절(중고등학교 때 관심 있었던 분야)

학창시절은 자신의 성격과 가치관을 형성하는 가장 중요한 시기다. 기억에 남는 사례를 적어보며 자신을 더 잘 파악할 수 있다. 반장을 매년 해왔다면 리더십이 강한 성격이다. 친구들에게 인기가 많았다면 타인과 좋은 관계를 유지하는 성향을 추후 자기소개서 작성 시 장점으로 활용할 수 있다. 또한, 방송부로 계속 활동해왔다면 자신이 언론 관련된 업무에 흥미가 있었음을 확인할 수 있다. 이처럼 학창시절 자기 행동을 바탕으로 적합한 직무를 선택하거나 성향을 파악해보자. 초·중·고등학교 시절 대표적인 사례 2, 3개 정도만 기술해보면 자신을 좀 더 이해할 수 있다.

3. 대학 생활(교환학생, 프로젝트, 동아리, 학회 및 대외활동 등)

대학 생활은 성인이 된 후 처음으로 주체적으로 어떤 일을 할 수 있는 시기다. 같은 활동을 했어도 그 안에서 다른 점을 강조해서 자기소개서에 녹여낼 수 있다. 예를 들어, 미국에서 교환학생을 다녀온 사례는 외국어와 글로벌 역량 두 가지 측면에서 접근할 수 있다. 자신이 '어떤 직무에 지원하느냐'에 따라 주제를 바꾼다면 소재 걱정을 해결할 수 있다. 봉사활동도 마찬가지로 '봉사 정신'뿐만 아니라 협업 심을 배웠다고 말할 수도 있다. 사실은 하나지만 지원자가 어디를 중요시하느냐에 따라 달라질 수 있음을 기억하자. 적절한 프레임은 합격을 부른다.

4. 연수(해외어학연수, 교육연수 등)

해외연수는 삶에 큰 영향을 미친다. 필자도 처음 해외 나갔을 때 그 기억이 아직도 생생하다. 새로운 문화와 언어를 쓰는 사람을 만났을 때 느꼈던 이질감부터 그들과 교류하며 쌓았던 추억들은 자신을 시야를 넓혀준다. 해외에서 생활하며 있었던 각종 사례를 나열하면 된다. 재미있었거나 기억에 남는 일, 충격받았던 일 등 기억에 남는 스토리는 모두 적은 후 자기소개서에 적절하게 활용하자. 핫도그 위에 올려진 케첩처럼 자기소개서에 맛을 더한다. 국내 연수 사례를 써도 무방하다. 그 경우에는 전문성이라는 관점에서 접근해야 한다. 어떤 교육을 받았고, 이를 통해 어떤 역량을 키웠는지 상세히 기술해보자.

5. 아르바이트(활동 내용과 성과)

대부분 단순 노동을 한 경우가 많을 것이다. 서비스직이나 사무직 모두 아르바이트생에게 중요한 역할을 맡기지는 않는다. 이때 중요한 건 업무에 임한 자기 태도다. 기업은 아무리 사소한 일이라도 최선을 다하는 인재를 원한다. 주인 의식이 중요한 이유다. 업무를 하며 자신만의 방법을 사용한 사례가 있다면 좋다. 예를 들어, 콜센터에서 근무 시 상담 전 고객에게 감사한 이유를 구체적으로 말하며 마음을 얻은 일도 매력적이다. 같은 일을 하지만 어떻게 차별화를 줬는지 언급한다면 그 경험은 이미 평범하지 않다.

6. 봉사활동(구체적으로 어떤 활동을 했고, 어떤 영향을 미쳤는지)

봉사활동은 계륵이다. 자기소개서 항목으로 나오면 비워 놓기는 애매하고, 그렇다고 활동 시간을 기록해도 차별성이 없다. 봉사활동은 스펙이 아닌 스토리의 관점에서 접근해야 한다. 작성 순서는 다음과 같다. 우선 언제, 어디서 활동을 했는지 기술한다. 그 안에서 자신이 봉사한 내용을 적고, 어떤 성과가 있었는지 쓴다. 그 과정 안에서 무엇을 배웠는지 쓴다면 추후 자기소개서 작성 시 빠르게 이용할 수 있다. 사실 봉사활동을 많이 한 것을 쓴다고 해서 서류전형 합격률이 많이 올라가진 않는다. 봉사활동의 본질은 스펙이 아닌 사회 공헌인 만큼 진심으로 원해서 하는 게 아니라면 추천하지 않는다.

7. 인턴(어떤 일을 했고, 어떤 성과가 있었는지 수치 기반으로 작성)

인턴 이력은 채용에 직접적인 영향을 줄 정도로 중요한 요인이다. 가능한 한 상세하게 작성하자. 부서명, 담당한 프로젝트, 성과를 위주로 기술하면 된다. 작성 시 주의해야 할 사항은 성과는 수치를 기반으로 작성해야 한다는 점이다. '좋은 성과를 창출했습니다', '매출을 극대화했습니다'와 같은 추상적인 표현은 지양해야 한다. '제가 낸 아이디어를 활용해서 생산량이 30% 증대했습니다'라던지 '작년 대비 20% 매출이 증가했습니다'와 같이 구체적으로 작성하자. 또한, 인턴 활동을 통해 자신이 쌓은 전문 역량을 나열함으로써 '입사 후 포부' 작성 시 활용할 수 있다. 자신이 그 이상 설명하기 어려울 정도로 상세히 기술하는 것이 핵심이다.

8. 취미와 특기(개인적인 취미, 특기, 관심사)

취미는 전문성을 목적으로 하는 것이 아니라 좋아서 하는 일을 뜻한다. 운동, 노래, 게임 등 다양한 활동들이 있다. 취미가 중요한 이유는 업종 선택 시 영향을 미치기 때문이다. 게임을 좋아하면 출판사에 취업하는 것보다 게임사에서 일하는 편이 만족도가 높다. 그래서 덕질과 직업이 일치한다는 '덕업일치'라는 말도 생긴 것 같다. 이렇게 자신이 좋아하는 분야와 업무를 연결해볼 수도 있다. 특기는 남들과 차별화되는 자신만의 기술을 말한다. 영상편집, 글쓰기, 기획 등 자신이 평균보다 잘하는 일을 생각해봐야 한다. 특기는 자기 강점을 객관적으로 파악하는 능력이 필요하므로 지인에게 의견을 물어보는 것도 한 가지 방법이다.

9. 기타 특이 사항(존경하는 인물, 인생 멘토, 좋아하는 글귀, 책, 영화)

자신이 좋아하는 인물이나 책, 영화에 관해 기술해놓는 것은 추후 자기소개서 작성 시에도 큰 도움이 된다. 삼성은 자기소개서에서 존경하는 인물과 그 이유를 묻기도 했다. 자기 분석표를 통해 미리 작성한다면 자기 분석과 자기소개서 문항 대비 두 가지가 동시에 되는 일거양득의 효과가 있다. 분야와 상관없이 자신이 좋아하는 것들에 대해 작성을 하고, 그 이유를 생각해보자. 인지하는 것과 그렇지 않은 것은 차이가 크다. 이유를 생각해보며 자신이 어떤 성향의 사람인지 파악하는 시간은 꼭 필요하다. 오래 고민할수록 자기소개서 깊이가 달라진다.

10. 나에게 쓰는 편지

아홉 가지 질문에 답하며 자신을 좀 더 알게 됐다. 글쓰기의 힘은 무의식에 존재하는 사고를 시각적으로 표현하는 데 있다. 마지막은 자기 암시를 통해 긍정적인 에너지를 내재화하는 부분이다. 자기 암시는 의식적인 노력과 함께 무의식도 목표에 집중하게 함으로써 원하는 바를 빠르게 성취할 수 있다는 긍정적인 효과가 있다. 프랑스 약사이자 심리 치료사인 에밀 쿠에(Emile Coue)가 1920년대 의학적인 치료를 목적으로 만들었다. 자기 암시는 실제 연구 사례를 통해 효과가 증명되기도 했다. 헨릭 월터(Henrik Walter) 독일 샤리테 의대 교수팀은 기능성 자기공명 영상촬영을 통해 자기 암시가 음식 선호도를 바꿀 수 있음을 보여줬다. 30분 정도 자신이 이루고 싶은 목표를 생각하고, 이룬 후를 상상해보자. 꿈꾸던 삶은 상상할수록 가까이 온다.

나한테 맞는 기업 찾는 법

취업 전문 사이트 잡코리아(www.jobkorea.co.kr)가 이직 경험이 있는 남녀 직장인 502명을 대상으로 첫 이직 관련 설문 조사를 했다. 10명 중 6명이 입사 후 2년 내에 이직했다. 60%가 이직을 했다는 사실은 여러분도 그럴 가능성이 크다는 말이다. 보통 1년 이상 2년 미만 직장인 이직률이 높았다. 이직 사유는 업무 과다 및 야근이 40.2%로 가장 많았다. 그 후로는 낮은 연봉, 회사 비전 등이 뒤따랐다. 이직하면 기회비용이 크다. 해당 회사에서 근무하는 동안 사용한 시간, 에너지, 이직을 위해 투자하는 돈 모두를 계산하면 손해가 막심하다는 사실을 뒤늦게 깨닫는다.

이직했음에도 불만족하는 경우가 많다. 이번에는 다른 취업 전문 사이트 사람인(www.saramin.co.kr) 통계 자료를 살펴보자. 이직 경험 직장인 633명을 대상으로 '이직을 후회해 퇴사한 경험이 있는지'를 묻는 설문 조사 결과는 흥미롭다. 기대와는 달리 52.6%의 직장인이 이직을 후회했다고 답했다. 업무 내용이 생각과 달라서 후회한다는 사람이 47.1%로 가장 많았다. 근무 환경과 연봉 문제를 다시 겪는 사람도 30% 이상이다. 결국, 다시 이직을 선택하는 무한 반복에 빠지게 된다. 문제의 본질을 해결하지 않는다면 이직의 늪에서 빠져나오지 못한다. 이 통계 자료를 보고도 스펙을 쌓는 데 더 집중하고 싶은가? 중요한 건 속도가 아니라 방향이다. 취업을 빨리해도 본인과 맞지 않는 곳에 한다면 어차피 시간 낭비다.

자신에게 맞는 기업을 찾는 건 잘 맞는 옷 고르기와 마찬가지다. 여러분이 백화점에서 옷을 산다고 가정해보자. 에스컬레이터를 타고 도착한 3층은 패션 관련 매장이 즐비하다. 정장부터 운동복까지 다양한 옷들이 여러분을 유혹한다. 이때 가장 중요한 것은 옷을 사는 목적이다. 등산 갈 때 입을 옷이 필요한데, 정장을 산다면 안 산 것만 못하다. 적절한 매장을 찾은 후에는 자기 몸에 맞는 옷을 골라야 한다. 너무 크거나 작지 않은 상품을 골라야 한다. 옷을 구매하기 전에 미리 입어보는 것도 잊어선 안 된다. 혹시라도 자신에게 맞지 않는 제품을 구매한다면 환불을 해야 하기에 피팅룸에서 최종 확인을 한 후 결제를 한다. 이 모든 과정을 거쳐야 끝이 난다.

당연한 말을 길게 설명했다고 생각하겠지만, 기업을 고를 때 해당 절차를 따르지 않는 사람이 대다수다. 다양한 의류매장이 존재하는 것처럼 기업도 모두 다 살펴보기 어려울 정도로 많다. 연봉, 워라밸, 직무 적합도를 파악한 후 만족할 만한 수준의 보상을 제공하는 기업을 선택한다. 하지만 대부분 기업 이름만 보고 지원하거나 무작위로 입사지원서를 제출한 후 연락 온 곳에서 근무를 시작한다. 자기 분석이 안 된 상황에서 지원하는 것은 옷 사이즈를 모르는 상태에서 구매를 결정하는 것과 같다. 자기 능력을 객관화해야지 적정 수준의 연봉과 기업 규모를 선택할 수 있다. 마지막으로 입사 지원 전에 기업이 자신과 적합한지 확인하는 과정이 필요하다. 보통은 입사 후에 가서 적응하겠다는 생각으로 지원한다. 그 후 회사가 본인과 맞지 않으면 회사를 욕한다.

이와 같은 상황을 막으려면 세 가지 모두에 신경 써야 한다. 우선 자기 목적에 부합하는 회사를 찾아야 한다. 자기 분석표를 작성하면서 어떤 부분에 큰 가치를 두는지 파악한다. 해당 가치를 가장 잘 실현할 수 있는 기업을 선택해야 한다. 모든 기업을 다 알아보면 좋겠지만, 시간적인 한계가 존재한다. 인터넷 포털 사이트를 검색했을 때 가능한 한 회사 관련 뉴스가 세 건 이상 나오는 곳에 지원하길 추천한다. 기업 관련 뉴스가 없다는 말은 그 정도의 성과가 부족하다는 거고, 아직 검증되지 않은 기업일 확률이 높다. 모든 기업이 그런 건 아니지만, 토익 점수를 기반으로 지원자를 선별하듯이 지원자도 일정 기준을 지니고 기업을 선별해야 한다. 객관적인 지표가 뉴스인 만큼 반드시 확인하자.

뉴스가 세 건 이상 나오는 것을 확인한 후로는 어떤 업종의 기업인지를 알아야 한다. 본인이 게임에 전혀 관심이 없는데 게임 회사에 지원하는 것은 수영하는 법을 모르는 채 강물에 뛰어드는 것과 마찬가지다. 물속에 수심이 얼마나 깊은지, 물살이 얼마나 센지 알지 못하는 상황에서 자신이 괜찮기를 바라며 몸을 던지는 것과 같다. 괜찮을 확률도 있지만 무작정 선택한 기업이 자신과 잘 맞을 확률은 10% 미만이다. 업종 선택을 한 후에는 기업 규모를 생각해봐야 한다. 기업이 크면 안정적이지만 하는 일이 정해져 있다. 다양한 일보다는 한 가지 분야에 깊게 관여한다. 스타트업은 망할 위험도 크지만, 대박 날 가능성도 존재한다. 또한, 업무 범위가 넓으므로 다양한 일을 경험하기 원한다면 나쁘지 않은 선택이다.

기업 선택을 어느 정도 했다면 자기 자신을 평가해야 한다. 어학 점수나 관련 경험이 전혀 없는 상황에서 대기업을 지원한 후 합격할 가능성은 미국에 이민 갔는데 옆집에 초등학교 동창이 살 확률과 비슷하다. 자기 분석표를 통해 정성적인 부분을 확인했다면 정량적인 스펙도 확인해보자. 정량적이라는 말은 수치로 표현 가능하다는 것을 의미한다. 대외활동, 자격증, 학점 등 수치를 기반으로 자신을 평가해보자. 자격증이나 공모전 입상 경력을 살펴보면 본인이 어떤 부분에 강점을 보이는지 확인할 수 있다. 스펙을 뛰어넘을 정도의 경험을 지니고 있다면 어느 기업에 지원하더라도 합격을 돕는 '마스터키'로 작용한다. 수치와 경험을 바탕으로 자신이 어떤 부분에 강점을 보이는지 선택하고 직무를 미리 선정해두자.

직무까지 선정했다면 기업이 자신과 적합한지 파악해야 한다. 잡플래닛(www.jobplanet.co.kr)과 같은 기업 정보 플랫폼을 참고하면 좋다. 잡플래닛은 기업별 평점을 공개하고, 현직자 목소리를 들려준다. 장단점으로 나뉜 단순한 구성 안에는 현실적인 목소리가 담겨 있다. 아무리 기업이 자신들은 수평적인 문화를 지향한다고 홍보를 해도 실제는 다른 경우가 많다. 사실 입사하기 전까지는 그 분위기를 전혀 알 수 없으므로 이런 문제가 발생한다. 이직이 불만족스러운 이유 중 하나가 생각했던 업무와 달라서인 만큼 가능한 한 많은 내용을 사전에 파악하면 좋다. 이때 큰 힘을 발휘하는 곳이 잡플래닛이다. 필자 경험상 단점은 정확한 경우가 많으니 견딜 수 없는 내용이라면 지원하지 말자. 만약 잡플래닛에서 지원하는 기업을 찾을 수 없다면 '블라인드'라는 어플을 활용해보자. 블라인드 역시 현직자들의 페이스북이라고 불릴 정도로 유용한 정보가 많다. 옷을 먼저 입어보는 것과 같이 타인의 경험을 바탕으로 기업을 체험한다면 시간 낭비를 줄일 수 있다.

그 후에는 본격적인 자기소개서를 작성해야 한다. 모든 기업이 자기소개서 형태가 같다면 좋겠지만 다른 경우가 대부분이다. 사회적 이슈를 묻는 문제라도 가능한 한 지원 기업과 관련 있는 주제를 다뤄야 한다. 삼성전자와 GS리테일 자기소개서 소재는 달라야 한다. 삼성전자는 반도체 관련 이슈, GS리테일은 편의점 관련 내용으로 해당 문항을 구성해야 합격률이 높아진다. 축구를 좋아하는 사람한테 농구 이야기를 하면 호감을 얻기 어렵다. 그 사람의 관심사를 기억하고, 거기에 맞는 소재로 대화를 이끌어 나가는 게 좋다. 이처럼 자기소개서를 기업마다 다르게 써야 하기에 시간이 많이 소요된다. 이것이 기업 선택을 신중히 선택해야 하는 이유다. 쓰지 말고 생각을 먼저 하자.

합격을 가르는
2% 차별성 부여하는 비법

글로벌 케첩 시장에서 하인즈(Heinz)는 넘을 수 없는 벽과 같은 존재였다. 매년 6억 5,000만 개를 판매하며 2016년까지 10년간 글로벌 소매점 기준 매출액 1위를 기록했다. 미국 내 시장 점유율은 82%, 영국에서는 60%의 시장 점유율을 기록했다. 이같은 경우에는 대부분 케첩 시장에 신규 진입을 하지 않는다. 하인즈와 경쟁하겠다는 말은 국내에서 휴대폰 사업을 시작해서 삼성이 만드는 갤럭시를 뛰어넘겠다고 하는 것과 같다. 그런데도 도전장을 내민 청년들이 있었다. 주인공은 대학생들이 창립한 써켄싱턴(Sir Kensington's)이다.

"왜 케첩은 모두 하인즈 제품이지?" 이 단순한 질문 하나가 기업

설립까지 이어졌다. 2008년 브라운대학 경제학과에 재학 중이던 스콧 노튼(Scott Norton)과 마크 라마단(Mark Ramadan)은 하인즈 제품이 독점한 케첩 시장에 문제의식을 느끼고 본인들이 직접 케첩을 개발하기 시작했다. 그들은 차별성 형성에 집중했다. 대부분 기업이 하인즈 케첩을 복사하려고 한 것과 다른 행보를 보였다. 2년간의 개발 끝에 써켄싱턴 케첩을 완성했다. 하인즈 케첩보다 설탕은 50%, 나트륨은 33% 감소시켜 건강한 케첩을 만들었다. 또한, 플라스틱이 아닌 유리 용기에 담아 고급화 전략을 사용했다. 이에 더해 '켄싱턴 경'이라는 캐릭터를 만들어 스토리를 입혔다.

켄싱턴 경은 영국 무역상의 아들로 옥스퍼드 대학을 졸업한 영재다. 영국 여왕의 명령을 받고 동인도 회사에서 향료를 수집하는 일을 한다. 자신이 맡은 업무 덕분에 전 세계 미식가들과 꾸준히 교류하는 기회를 얻었다. 어느 날, 켄싱턴 경은 러시아 출신 캐서린 대제를 만난다. 그에게서 최고의 케첩을 만들어달라는 개인적인 요청을 받는다. 켄싱턴 경은 케첩을 개발하는 데 몰두했고, 가장 맛있는 케첩을 만들어낸다. 그 후 그는 '케첩의 왕'이라고 불린다. 켄싱턴 경을 앞세운 켄싱턴 케첩은 제품 특성과 스토리를 바탕으로 창립한 해에만 1만 병 이상 케첩을 판매한 후 현재는 하인즈를 꺾고 케첩 판매 1위를 차지했다. 켄싱턴 경이라는 가상의 캐릭터를 통해 고객들에게 좀 더 흥미롭게 다가갈 수 있었으며, 건강하고 맛

좋은 케첩 이미지를 각인시켰다. 차별화 전략이 성공했다.

자기소개서 역시 차별성이 중요하다. 취업 시장에는 수많은 스펙을 보유한 하인즈 케첩과 같은 사람이 많다. 객관적인 수치만으로 취업이 결정됐다면 학력과 학점, 자격증이 부족한 학생은 절대 취업하지 못한다. 하지만 현재도 켄싱턴 케첩과 같은 수많은 취업 준비생들이 경쟁에서 승리해 출근하고 있다. 지방대, 학점 3.0, 무(無)스펙이 대기업에 취업했다는 말은 더는 흥미를 자극하지 못할 정도로 흔해졌다. 그들이 이길 수 있었던 이유는 써켄싱턴과 같다. 바로 자기 차별성에 집중했던 것이 주효했다. LG 스마트폰 성능이 삼성 제품보다 낮아도 오랜 기간 경쟁할 수 있었던 이유가 바로 여기에 있다. 해당 제품은 '가성비'를 강조했기에 경제적 상황이 어려운 사람들에게 많은 선택을 받았음을 기억하자.

취업에서 차별화 전략은 크게 두 가지로 나뉜다. 스토리와 룰(Rule) 파괴다. 스토리는 켄싱턴 경과 같이 자신이 전문성을 취득하게 된 사례를 제시해야 한다. 켄싱턴 경 사례를 분석해보면 흥미로운 스토리 구성 방법을 알 수 있다. 처음에는 어떤 배경을 지녔는지 자신을 설명해야 한다. 보통은 성장 과정 문항에서 자신이 어떤 삶을 살아왔는지 표현할 수 있다. 주의해야 할 점은 평이하게 작성해서는 안 된다는 점이다. 누구나 공통으로 지닌 특성만을 나열한다면 인사담당자가 자기소개서를 읽다가 중간에 포기한다. 평범한 삶을 살아온 사람도 자세히 살펴보면 자신만의 특이점이 존재한다. 그 점들을 이어서 인사담당자 관심을 사로잡는 그물을 만들어보자.

켄싱턴 경 이야기가 재미있는 이유는 문제 요인이 있었기 때문이다. 만약 아무런 동기 없이 스스로 열심히 노력해서 일류 케첩을 만들었다고 쓰면 독자들은 흥미를 잃는다. 캐서린 대제가 케첩을 만들어달라는 과제를 준 것처럼 스토리의 흐름에 파문을 주는 사건이 발생해야 한다. 주인공은 그 과정에서 시련과 고난을 극복하고 결국 최고의 제품을 만들어낸다. 여러분도 자기소개서를 작성할 때에는 반드시 도전 과제를 하나 제시해야 한다. 시련 강도가 이야기의 흥미를 결정한다. 같은 소재라고 하더라도 어떻게 해결하는지에 따라 다른 성향을 보여줄 수 있다. 소재가 단순해도 차별화할 수 있는 이유다.

예를 들어보자. 기업에서 자기 성장 과정을 기술하라고 한다. 지원하는 직무는 간호사다. 이때 가장 먼저 생각해야 하는 점은 어디 부분에서 시련을 겪을지 선정하는 거다. 가장 적합한 위치는 이야기 서론 부분이다. 과제를 앞에서 부여해야 해결 과정을 기반으로 스토리를 형성할 수 있다. 어린 시절 아팠던 이야기로 시작해도 좋다. 자신이 생명에 위협을 받을 정도로 건강이 안 좋았는데 옆에서 자신을 도와준 간호사가 기억에 남는다고 서론을 기술한 후 건강과 관련된 요인을 극복하고 결국 간호학과에 입학하는 과정을 그린다면 합격률이 90% 이상이다. 필력이 좋다면 인사담당자를 울릴 수도 있다. 자신을 극복하고 간호사가 되는 과정에 자신이 참여하기를 거부하는 사람은 극소수일 것이다. 스토리를 만들어 인사담당자를 우리 편으로 포섭하자.

주목해야 할 또 다른 요인은 행복한 결말이다. 주인공은 항상 시련을 견뎌내고 자신이 원하는 결과물을 얻는다. 새드엔딩이나 결말이 없는 이야기를 선호할 사람은 거의 없다. 사람들에게 잘 알려진 이솝우화를 바탕으로 살펴보자. 양치기 소년 이야기를 생각해보면 서두에 양치기가 사람들에게 계속 거짓말을 한다. 처음에는 그의 말을 믿고 도와주려고 했던 사람도 계속 속은 후 배신감을 느끼기 시작한다. 진짜 늑대가 나타나자 양치기 소년은 다시 한번 사람들에게 도움을 요청한다. "늑대가 나타났어요!"

이때 사람들이 생각할 수 있는 결론은 두 가지다. 마을 사람이 와서 그를 도와주거나 무시하는 경우다. 이때 양치기 소년 말을 믿고 등장한 마을 사람들을 그가 다시 한번 속인다고 생각해보자. 사실 그 늑대는 모형이라면 스토리가 주는 교훈이 전혀 없다. 독자들의 짜증을 유발한다. 결론이 없어도 문제다. 늑대가 나타났다는 양치기 소년의 외침을 마지막으로 이야기가 끝난다고 생각해보자. 답답하다. '그래서 하고 싶은 말이 뭐야?'라는 생각이 든다. 생각만 해도 불쾌하다. 이런 이야기들이 실제로 자기소개서 사례로 등장한다. 사례는 여러 개를 쓰지만, 의미 없는 경우도 많고, 결론이 없는 일도 발생한다. 인사담당자를 전혀 배려하지 않은 자기소개서다.

차별성을 부여하는 다른 방법은 정해진 규칙을 파괴하는 거다. 자기소개서는 일방향적인 소통이라는 선입견을 부수자. 지원자도 기업에 자료를 요청할 수 있다. 채용공고를 살펴보면 인사담당자 연락처가 나와 있다. 없으면 홈페이지에서 직접 찾을 수 있다. 추가 정보를 얻으려면 인사담당자에게 전화하자. 지원자가 먼저 연락을 하는 행위 자체가 신선함을 기업에 제공한다. 열정적이고, 적극성 있는 사람임을 보여줄 수 있기도 하다. 실제로 필자가 지도한 학생 중에서 해당 방식을 사용해 최종 합격까지 한 경우가 있다. 스토리든 규칙 파괴든 차별성은 행동에서 나온다.

스펙과 취업의 연관성

"내 친구가 취업을 못 하고 있다고 하는데 혹시 좀 도와줄 수 있어?"

오후 티타임을 즐기던 중 급작스레 친구에게 전화를 받았다. 여유롭던 마음이 다시 수축하는 느낌이었다. 많은 사람의 취업을 도왔지만, 아직도 지인의 부탁은 부담되는 게 사실이다. 이유는 아는 사람인 만큼 꼭 합격시켜줘야 한다는 무언의 압박감이 크기 때문이다. 대부분 합격을 시켜줬지만, 최종 합격까지 못 도와주고 난 후에는 미안한 마음이 더 컸기에 부탁이 들어오면 대부분 거절한다. 하지만 연락을 준 친구는 친한 친구였기에 부탁을 수락했다. 도움이 필요한 친구의 전화번호를 받은 후 바로 연락했다. 일단 그 자기소개서를 끝내야 마음이 편할 거 같았다.

"여보세요?" 긴장한 남성의 목소리가 수화기 너머로 들렸다. "네, 안녕하세요. 저는 지한이 친구 남현우입니다. 자기소개서를 첨삭 받고 싶으시다고요?" 자신을 지훈이라고 소개한 그는 대기업 중에서도 경쟁률이 높은 전략기획팀에 지원을 희망했다. 인공지능 부서와 합쳐진 곳이라 이공계 지식도 필요한 상황이었다. 서류 마감은 2일도 안 남았다. 시간이 촉박했지만 일단 어떻게든 그를 합격시켜야 했다. 스펙을 확인하자 마음이 조금 놓였다. 토익 980, 각종 인턴 경험, 4.0 이상의 학점을 보유하고 있었다. 정량적인 수치가 합격을 보장하진 않지만, 스펙 때문에 불합격하는 일은 없겠다는 생각을 했다. 문제는 작성한 자기소개서 초안이 없다는 사실이었다. 이공계여서 글을 쓴 경험이 부족하다는 그의 말을 듣자 어디부터 시작해야 할지 막막한 생각이 들었다.

총 4개의 문항을 작성해야 했다. 전략 부서인 만큼 자기소개서 작성 난이도가 최상이었다. 질문은 다음과 같았다.

[자기소개서 문항]

1. 지원분야를 선택한 이유와 본인이 이 직무에 적합하다고 판단할 수 있는 근거를 자세히 기술해주십시오.
2. 국내/글로벌 시장에서 커스터마이징 사업 활성화를 위해 당사에서 추

진해야 할 방향/항목에 대해서 제언해주십시오.

3. 차량 및 서비스 측면에서, 자동차 산업의 전동화(EV/FCEV)에 따른 커스터마이징 사업의 새로운 방향성에 대해서 제언해주십시오.

4. 글로벌 메이커 중 가장 성공한 커스터마이징 사업을 추진 중인 사례를 1개 선정한 후 특장점에 대해서 기술해주십시오.

모두 1,000자 이내로 작성해야 하는 상황이었다. 일단 자기소개서 문항을 살펴보면 느끼겠지만 괴물 같은 스펙을 지닌 사람이라도 3번과 같은 문항을 잘 작성하지 못하면 100% 탈락한다. 자기소개서 문항 자체가 직무 역량을 파악할 수 있도록 구성된 상황이었다. 필자는 순수 문과생이지만, 관련 자료 조사를 시작했다. 주문자에게 초안 작성 방향을 안내한 후 관련 정보 전달을 요청하기도 했다. 그에게 24시간을 준 후 필자 역시 기업 및 직무, 사업 조사를 하기 시작했다.

다음 날 아침, 요청한 자료를 보내왔다. 확인해보니 부족한 부분이 많았지만, 직무 관련 내용은 활용할 수 있겠다는 생각을 했다. 해당 내용을 토대로 자기소개서 작성을 시작했다. 커스터마이징 사업부가 하는 일을 현직자 인터뷰를 통해 이해했기에 생각보다 쉽게 작성할 수 있었다. 또한, 3번과 4번은 온라인 자료와 각종 논문을 참고해서 작성했다. 문과생의 저력을 증명했다. 전문적으로 전공 지식을 묻기보다 사업의 방향성을 제시하면 됐기에 사업 보고서를 쓰는 심정으로 작성했다. 현황, 문제 제기, 원인, 해결책순으로 구성하고, 사례는 주문자가 보내준 사례를 활용했다. 함께 노력한 결과, 마감 기간 내에 서류를 제출했다.

일주일이 흐른 후 그에게 연락이 왔다. "현우님, 저 합격했어요!" 그 연락을 받은 후에는 필자가 합격한 것만큼 기쁨을 느꼈다. 전혀 모르는 분야를 온라인 자료만으로 단기간에 합격했다는 사실에 뿌듯함을 느꼈다. 감사함을 표하는 그를 보며 다시 한번 SLT 글쓰기의 위력을 느낄 수 있었다. 이 사례와 같이 합격을 하려면 결국 자기소개서를 잘 써야 한다. 스펙이 아무리 좋아도 기업이 원하는 직무 역량이 부족하면 결국 탈락한다. 자기소개서는 단순히 글쓰기 역량을 평가하는 게 아니라 지원자의 사고력과 업무 적합성을 판별하는 도구다. 대기업일수록 그런 경향이 강하다. 스펙이 부족하더라도 자기소개서를 잘 쓰면 충분히 합격 가능하다는 사실을 이 사례를 통해 유추해볼 수 있다. 물론, 해당 주문자는 정량적인 스펙이 높았다. 그렇지만 합격에 더 큰 영향을 미치는 것은 자기소개서임을 확인할 수 있었다.

스펙은 취업을 위한 필요조건이다. 스펙이 높다고 모두 합격하는 건 아니지만, 기본 요건은 충족해야 불이익을 받지 않는다. 입사해서 영어를 쓸 일이 없는데 왜 토익 점수를 요구하느냐고 불만을 품는 사람들도 많다. 토익은 가장 대표성을 띠기 때문에 취업에서 중요하다. 영어 실력을 떠나서 대다수 사람들이 보유한 점수이기에 비교하기 쉽다. 없는 사람은 그만큼 기본을 갖추지 못했다는 것을 뜻하므로 자격 요건으로 요구하는 기업이 많다. 최소 토익 700점 이상은 취득해야 필터링(Filtering) 당하는 것을 방지할 수 있다.

그 외로는 직무 자격증이 있으면 좋다. 자신이 운전을 잘한다고 말하는 것보다 운전면허를 보여주는 게 실력 증명을 위한 빠른 길이다. 컴퓨터 활용능력이나 정보처리기사, 각종 직무 자격증은 보유하면 자기소개서 소재로도 좋다. 하루에 한 시간 정도는 자격증 취득할 시간을 만들자.

그다음으로 사람들이 많이 하는 일은 대외 활동이다. 기자단은 사실 기업을 위해 존재하는 조직이다. 스펙을 제공한다는 명목으로 싼 가격에 대학생의 노동력을 사용한다. 기자단 활동은 대부분 피상적인 활동이 많거나 서류에 기재하는 공간이 없을 정도로 활용도가 낮아서 하지 않는 것을 추천한다. 그 시간에 직무 자격증 하나를 더 따는 게 오히려 이득이다. 기자단 활동을 하면서 받는 혜택이 크다고 반박할 수도 있겠지만, 기회비용을 따져보면 오히려 손해가 크다. 취미로 한다면 말리진 않겠지만, 취업을 위해 하는 거라면 공모전에 참여하자.

공모전은 실질적으로 직무와 연관이 있는 활동이기에 좋은 경험이다. 협업하는 경우가 많아서 여러모로 활용도가 높다. 공모전, 인턴, 자격증순으로 중요하다. 셋 다 있으면 좋겠지만, 시간이 부족하면 우선순위가 높은 것을 먼저 시행하자. 인턴보다 공모전이 중요한 이유는 활용도가 더 높기 때문이다. 인턴의 경우 해당 기업에 지원할 때는 이점이 많지만 타 기업 지원 시에는 활용하기 어려운 경우가 많다. 대부분 단순 업무를 하기 때문이다. 이와 달리 마케팅 공모전 입상 경력은 어느 기업에 지원해도 이점으로 작용한다. 취업은 전략 싸움인 만큼 필요 없는 활동은 배제하고, 중요한 일에 집중하자.

유용한 정보가 필요하다면
여기를 방문하자

자기소개서는 제안서다. 나라는 상품을 회사에 어떻게 활용할 수 있는지 기술하는 문서다. 자기소개서 쓰기가 어려운 이유가 여기에 있다. 취업하다 보면 조사 없이 글쓰기에 집중하는 경우가 많다. 기업을 설득하려면 객관적인 근거 자료가 필요한데 머릿속에 있는 정보만으로는 부족하다. 관점을 바꿔보면 자기소개서만큼 쉬운 문서도 없다. 오픈북 테스트를 하는 것과 같다. 정보가 이미 인터넷이라는 방대한 사전에 저장되어 있다. 여러분은 그 정보를 찾기만 하면 된다. 기업 유튜브 채널부터, 현직자 인터뷰까지 모든 정보가 온라인상에 존재한다. 직접 움직일 필요가 없다. 지원하는 기업 홈페이지, 유튜브 채널, 블로그를 확인하는 건 기본이다. 이것조차 하기 싫다면 그 기업에 지원하지 않는 것이 서로 시간 낭비를 막는 길이다.

　기업 관련 정보만 찾는 것은 이류다. 일류는 관련 산업 정보까지 찾는다. 만약 네이버 웹툰에 본인이 지원한다고 가정해보자. 네이버 웹툰 관련 내용만 언급하는 것은 지루하다. 담당자들이 이미 아는 내용을 굳이 길게 설명할 필요가 없다. 중요한 건 심층적인 지식을 좀 더 다뤄야 한다는 점이다. 웹툰 시장 관련 통계 자료를 살펴본 후 네이버 웹툰이 성장하기 위한 전략을 제시한다든지, 글로벌 시장 진출을 위한 방법을 데이터 자료를 기반으로 설명할 수 있다. 이 정도까지 분석하는 지원자는 20% 미만일 거다. 그 안에서 합격자가 나온다. 기억하자. 남들이 다 아는 정보를 말하는 것은 큰 의미가 없다. 좀 더 깊숙하게 들어가서 본질을 봐야 한다.

　자신의 시각 역시 중요하다. 같은 데이터를 봐도 다른 결론을 도출한다. 여러 가지 자료를 수집했으면 다양하게 혼합해보자. 문맥을 자유롭게 만든 후 가장 독특한 주제로 자기소개서를 쓰자. 앞서 살펴본 웹툰 시장을 살펴보자. 데이터를 조사해보니 10년 이상 글로벌 마켓 1위를 유지하고 있는 기업이 없다는 사실을 자료를 통해 발견했다. 그러다 문득 한 논문에서 본 다양성에 관한 내용이 떠오른다. 이에 중점을 두고 10년 전 1위였던 기업을 분석한다. 소재 변화 없이 같은 방식을 유지했다는 문제점을 발견했다. 그 후에 최근까지 선두를 차지했던 일본 만화 시장을 분석한다. 일본 만화 콘텐츠 기업도 같은 방식을 고수하고 있음을 확인하고, 통계 자료로 시장 점유율이 낮아지는 것을 찾았다. 이와 같은 사실들을 종합해서 네이버 웹툰도 다양화를 하지 않으면 세계 시장에서 약세를 보일 거라는 내용으로 쓴다면 불합격하기 어려울 정도로 수준이 높은 자기소개서가 된다.

좋은 자기소개서는 못 쓰는 게 아니다. '안' 쓰는 거다. 이미 넘치는 정보가 인터넷에 널려 있고, 자신이 시간만 투자하면 지금 작성한 자기소개서보다 훨씬 좋은 내용을 담을 수 있다. 자기 스스로 물어보자. 과연 '자신이 제출했던 자기소개서를 쓸 때 최선을 다했는가?' 아닐 거다. 어렵고 모른다는 핑계로 공란만 겨우 채우고 지원을 하지 않았을까? 이것이 불합격하는 가장 큰 이유다. 이제 문제가 어떤 건지 발견했으니 해결책을 제공하겠다. 자기소개서에 양질의 정보를 채우면 된다. 이에 더해 차별화된 심층 정보를 발견하는 법을 알려주겠다. 필자가 항상 사용하는 유용한 사이트들인 만큼 잘 활용해보자. 영업 비밀이지만 여러분의 합격을 위해 빠짐없이 공개하겠다. 자, 그럼 본격적으로 살펴보자.

1. 논문

　논문은 보석이다. 보석이 귀한 이유는 희귀성과 뛰어난 품질에 있다. 논문 같은 경우 사회에 존재하는 다양한 사건들을 연구해서 새로운 결론을 도출한다. 이때 발견한 결과물은 세상에 단 하나만 존재한다. 이미 존재하는 사실을 말하면 표절인 만큼 한 논문에는 새로운 정보가 담겨 있다. 품질 역시 훌륭하다. 대학교수와 같이 고학력을 보유한 사람들이 연구한 내용이고, 여러 가지 평가를 받은 후 최종적으로 등재된다. 검증된 자료다. 자기소개서 작성 시 논문을 활용하는 것은 보석으로 자신을 꾸미는 것과 같다.

(1) RISS

한국교육학술정보원 학술연구정보서비스, RISS

RISS(www.riss.kr)는 학술연구정보서비스의 약자다. 전국 대학이 생산, 보유하고 구독하는 학술자원을 무료로 이용할 수 있다. 하루에 20만 명 이상 연구자가 이용할 정도로 공신력 있는 사이트다. 검색창에 주제어를 입력하면 관련 정보가 나온다. 상세 검색 등 다양한 옵션이 존재하지만, 자기소개서에 필요한 정보는 대부분 옵션 선택 없이 검색해도 충분하다.

자신이 해외 영업에 지원한다고 생각해보자. 그럼 '수출'이라는 키워드를 활용할 수 있다. 국내 수출 동향이나 관련 인사이트를 얻을 수 있다. 마케팅이라면 '온라인 마케팅'과 같은 검색어를 이용해보자. 논문 제목을 보며 새로운 시각으로 문제를 분석할 수 있다. 더 정교한 검색을 원한다면 상세 검색을 활용해보자. 대부분 정보는 RISS에서 얻을 수 있다.

(2) Google Scholar

구글 학술 검색, Google Scholar

Google Scholar로 다양한 내용의 영문 자료를 찾아보자.

구글 학술 검색 서비스 Google Scholar(https://scholar.google.com)의 가장 큰 장점은 자료 관리가 쉽다는 점이다. 즐겨찾기에 논문을 저장해두면 라이브러리에 해당 논문이 저장된다. 필요할 때마다 바로 쓸 수 있다는 장점이 있다. 또 다른 장점은 인용 횟수가 나온다는 점이다. 인용 횟수가 많다는 뜻은 그만큼 자료 신빙성이 높다는 것을 뜻한다. 시간 절약을 위해 가능한 한 인용 횟수가 많은 자료를 위주로 살펴본다면 빠르게 양질의 자료를 찾을 수 있다.

만약 영어를 잘한다면 Google Scholar의 활용도는 더 높아진다. W3Techs가 발표한 언어별 정보량을 살펴보면 영문 자료는 61.4%고, 국문 자료는 0.5%다. 당연히 영문 자료가 다양한 내용을 담고 있을 수밖에 없다. 요즘에는 번역기 기능이 좋아서 영어 실력이 조금 부족해도 대부분 내용을 파악할 수 있다. 숨은 보물을 찾는다는 생각으로 조사하다 보면 직무 역량도 증가한다. 공부한다는 생각으로 조사해보자. 지금 투자하는 시간이 모여 내공이 쌓인다.

2. 통계

통계 자료가 중요한 이유는 근거 자료로 활용도가 높기 때문이다. 단순히 산업이 어렵다고 말하는 것보다 해당 산업과 관련된 수치 데이터를 제시한다면 설득력이 높아진다. 통계 사이트를 살펴보는 것만으로도 인사이트를 얻을 수 있다. 매체 이용자 수 추이처럼 단순한 사실뿐만 아니라 그런 데이터를 활용해 새로운 맥락을 만드는 경우도 많다. 관련 분야 통계 자료는 수시로 확인하자. 면접 때 답변의 깊이 자체가 달라진다. 필자가 추천하는 통계 사이트는 다음과 같다.

(1) 공공데이터 포털

공공데이터 포털(www.data.go.kr)은 행정안전부에서 직접 운영하는 공공데이터 제공 사이트다. 정부가 보유한 다양한 데이터를 개방해서 사람들이 다양하게 이용할 수 있는 기회를 제공한다. 정부에서 운영하는 만큼 신빙성 있는 자료를 얻을 수 있다. 데이터 추천과 활용 부분이 특히 유용하다. 현재 이슈가 되는 주제에 관한 데이터를 제공하기에 사회적 이슈를 묻는 문항에서 활용하는 것을 추천한다.

정부 보유 데이터 서비스, 공공데이터 포털

(2) 데이터플래닛(Dataplanet)

개인과 정부, 다양한 기업, 기관이 보유한 공공데이터 서비스, 데이터플래닛

데이터플래닛(www.dataplanet.co.kr)의 가장 큰 장점은 주제별로 데이터를 잘 정리해놨다는 점이다. '전 세계 검색엔진 시장 점유율', 'AI 전문 인력 부족률'과 같이 기업에서 관심을 가질 만한 주제가 많다. 공공데이터 포털은 원석이 많다면 데이터플래닛은 가공된 정보를 친절하게 알려준다. 지원하는 회사 업계 관련 자료가 필요하다면 해당 사이트에 접속해보자. 어떤 소재를 선정해야 하나 하는 고민이 해결된다. 마케팅 부서를 희망하면 해당 사이트는 반드시 확인하자. 이용 방법은 단순하다. 차트 활용하기를 누르면 공유

할 수 있는 URL과 버튼이 나온다. 자료를 찾아 활용하다 보면 자기소개서 쓰는 것도 생각보다 재미있음을 깨닫게 된다.

3. 키워드

키워드 검색은 기업을 심층 분석할 때 사용하면 유용하다. 자신이 삼성전자 스마트폰 관련 부서에 지원한다고 가정해보자. 아이폰과 갤럭시폰의 검색량 조회량을 비교한 후 분석해서 자기소개서에 담을 수 있다. 키워드 툴이 좋은 이유는 연관 검색어를 보여주기 때문이다. 생각하지 못한 부분을 발견해서 창의적인 자기소개서 작성에 기반이 되기도 한다. 검색량은 사람들의 관심도를 판별할 수 있는 객관적인 지표이므로 자기소개서 작성 전에 확인해보자.

(1) 블랙키위

블랙키위(https://blackkiwi.net)는 최근 트렌드와 검색어 조회량 모두를 분석할 수 있는 유용한 사이트다. 네이버가 검색어 순위 제공 서비스를 종료한 후로는 블랙키위의 유용성이 더 커졌다. 지금 시점에서 사람들이 많이 검색하는 단어를 이슈 키워드로 알려준다. 블랙키위의 또 다른 장점은 인터페이스가 깔끔하다는 점이다. 검색어만 입력하면 관련 정보를 알려준다.

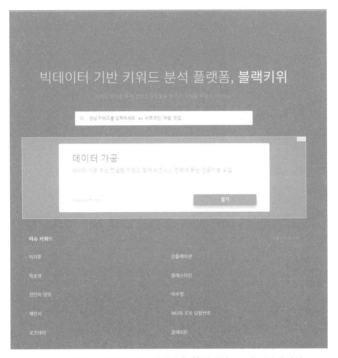

최신 트렌드와 특정 키워드 검색량을 확인해볼 수 있는 블랙키위

오른쪽 이미지 자료는 갤럭시를 검색했을 때 나오는 정보다. 매체별 월간 검색량, 콘텐츠 발행량, 예상 검색량 등 종합적인 수치를 알려준다. 특히, 예상 검색량의 경우 전달과 비교했을 때 얼마나 증감했는지를 알려줘서 고객 관심도 변화를 알 수 있다. 두 키워드의 월간 검색량을 비교해본다면 어떤 상품이 더 고객에게 매력적

인지 발견할 수 있다. 그 외로도 다양한 연관 키워드를 제공하기에 새로운 소재 발견에도 용이하다.

블랙키위에서 갤럭시를 검색했을 때 나오는 자료

(2) 네이버 데이터랩

네이버 데이터랩(https://datalab.naver.com)은 국내 소비자의 트렌드를 파악하는 데 적합하다. KT의 디지털 미디어랩인 나스미디어가 발표한 '2021 인터넷 이용자 조사'를 살펴보면 인터넷 이용자가 선호하는 플랫폼 1위가 네이버(88.1%)다. 2위는 유튜브(57.4%), 3위는 구글(48.6%)이다. 네이버가 아직은 국내에서 가장 영향력 있는

검색 플랫폼이기에 국내 소비자 관련 정보 파악 시에 유용하다. 분
야별로 검색이 가능하니 기업에 맞춰 검색어 순위를 확인해보자.

네이버 검색 트렌드와 급상승 검색어 조회 서비스, 네이버 데이터랩

네이버 데이터랩은 검색어 비교 데이터를 제공한다. 오른쪽 자
료는 구글과 네이버 검색어를 비교한 거다. 해당 자료만을 보고
'어, 사람들은 네이버를 선호하는데 왜 구글 검색량이 더 많지?'라
고 생각하는 사람도 있을 거다. 해당 자료는 네이버 검색어를 기반
으로 자료를 산출해서 그렇다. 네이버 검색창에 '네이버'를 검색하

는 사람은 거의 없다. 이처럼 키워드가 어느 플랫폼을 기준으로 분석됐는지 인지하고 있어야 실수하지 않는다.

구글 검색어가 궁금하다면 'Google Trend' 사이트를 방문하자. 네이버 데이터랩과 기능이 거의 동일해서 설명은 생략하겠다.

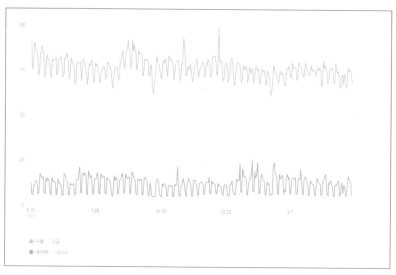

네이버 데이터랩에서 비교해본 구글과 네이버 검색어

취업 준비 시 흔히 하는 실수

"전문가님, 문장이 대부분 너무 짧은 거 같아요. 그리고 1번 문항에는 스토리를 여러 개 넣어주세요." 작업물을 받은 의뢰인이 5분도 안 되어서 연락이 왔다. 안 되는 이유를 자세히 설명해줘도 전혀 말을 듣지 않았다. 그렇게 수정하면 탈락한다고 3번 이상 말했다. 하지만 의뢰인은 자기 말이 맞다고 생각하니까 그렇게 수정해달라고 했다. 알겠다고 했다. 의뢰인의 말대로 수정한 후 자기소개서를 다시 전달했다. 이번에도 다시 내용을 바꿔달라고 했다. 마지막까지 설명했지만, 해당 주문자는 자신이 원하는 대로 작성해달라고 요청했다. 3번 이상 수정 후에 제출했다. 결과는 당연히 불합격이었다. 그 후 내 서비스에 후기를 남겼다. "다 좋은데 실력은 부족한 거 같아요. 서류에서 광탈했네요."

의뢰인이 한 실수는 다른 취업 준비생도 흔히 하는 내용이다. 문제를 하나씩 살펴보며 원인과 해결책을 알아보자. 필자가 발견한 세 가지 문제점은 다음과 같다. 첫째, 질문에 맞지 않는 답변을 했다. 질문에서는 높은 윤리 의식을 증명할 수 있는 사례를 요구했다. 그런데 의뢰인은 자신이 주도적으로 업무를 처리해서 좋은 성과를 창출한 사례를 썼다. 자기 업무가 아니었지만, 자발적으로 처리해서 직장 상사에게 칭찬받았다고 기술했다. 질문과 전혀 상관없는 답변이다. 윤리 의식을 물었으면 거기에 관련된 내용을 써야 한다. 생각보다 많은 사람이 같은 실수를 한다. 답변을 쓰기 전에 질문을 분석하는 습관을 지니자.

둘째, 최상급 표현을 인지하지 못했다는 점이다. 다른 문항에서는 자신의 역량을 보여줄 수 있는 가장 대표적인 사례를 기술해야 했다. 주문자는 해당 질문에 두 가지 경험을 작성했다. 능동적이면서도 도전 정신이 강하다고 썼다. 첫 번째 문단에 자기 능동성을 보여줄 수 있는 사례를 썼고, 두 번째는 도전해서 무엇인가를 성취한 경험을 기술했다.

문제는 '가장'이라는 단어를 놓쳐서 발생했다. 최상급인 만큼 단 하나의 사례를 제시해야 했는데 두 가지를 작성했다. 한 가지만 써야 한다고 설명을 해도 의뢰인은 기존과 같이 유지하기를 희망했다. 결국, 탈락했다. 가장 대표적인 것을 쓰라 했으면 하나만 쓰는 것을 잊지 말자.

셋째, 풍경보다 사물에 집중했다. 좋은 예술 작품은 전체적인 분위기가 다르다. 각 요소가 짜임새 있게 구성되어 통일성 있는 모습을 보여준다. 화가도 사물을 그리기 전에 전체적인 균형을 확인한다. 훌륭한 작품 중에는 개별적인 요소는 형편없어도 함께 조화를 이뤘을 때 아름다운 것도 있다. 빈센트 반 고흐(Vincent van Gogh)의 〈별이 빛나는 밤〉이 대표적인 사례다. 세세하게 봤을 때는 초등학생이 그린 것과 같은 수준의 그림이지만 전체적으로는 명화라고 불릴 정도로 뛰어난 표현력을 지닌다. 전체적인 조화가 중요하다.

자기소개서 역시 마찬가지다. 개별적인 문장보다는 문단을 살펴봐야 한다. 문장력이 떨어져도 전반적으로 이야기가 좋다면 사람의 마음을 움직인다. 대표적인 사례는 할머니들이 쓴 글이다. 최종예 할머니가 쓴 글을 살펴보자.

사랑하는 남편에게

벌써 20년이 되었네요. 사고로 남편 먼저 보냈을 때 하늘 무너지는 것 같았어요. 밤이 되면 아이들을 재우고 살아생전 부르던 남편 생각이 나 말없이 울었습니다. 없는 살림에 혼자 자식들과 살 생각을 하니까 참 기가 막히더군요. 밥 달라는 자식 굶길 수 없어 살다 보니까 보고 싶은 마음 지금 여기까지 왔습니다. 여보, 나 당신 애들 다 결혼시켰습니다. 고생했다고 한 번만 말해줘요. 오늘따라 당신이 너무 보고 싶어요.

투박하지만 아름답다. 개별적인 문장을 살펴보면 비문도 많고, 문장력이 형편없다. 하지만 부족한 문장들이 모여 글 한 편이 됐을 때는 사람들의 마음을 울린다. 이 글을 읽고도 문장력이 가장 중요하다고 생각하면 책을 덮길 바란다. 문장력도 물론 필요하지만 중요한 건 그 사람의 생각, 철학, 경험이다. 그런데도 불합격한 주문자는 문장 하나하나에만 집중했다. 왜 '이것'이라는 표현을 쓰면 안 되는지 설명해달라고 했다. 같은 실수를 하지 않으려면 나무가 아닌 숲을 바라보는 습관을 기르자. 서류 전형은 작가를 뽑는 게 아니라 적합한 인재를 채용하는 과정임을 잊지 말아야 한다.

지금까지 취업 준비생들이 가장 많이 하는 실수를 알아봤다. 질문에 맞지 않는 답변을 하는 것은 합격할 확률을 30% 이하로 낮춘다. 이해력이 낮은 사람을 고용하고 싶은 회사는 없을 거다. 또 다른 실수는 최상급 표현을 인지하지 못하는 경우다. 가장이라는 표현을 보면 글자색을 빨간색으로 바꿔 놓자. 자신도 모르게 글을 쓰다가 해당 내용을 잊을 수 있다. 마지막으로 숲이 아닌 나무에 집중하는 경우다. 거시적인 시각으로 자기 글을 파악하는 습관을 지녀야 한다. 소재가 나쁘면 김훈 작가와 같은 명필가가 와도 절대 합격하지 못한다. 문장보다는 문단으로 인사담당자의 마음을 움직여보자. 사람을 움직이는 건 논리가 아닌 감정이다. 감정은 스토리에서 나오는 만큼 자신만의 이야기를 담담히 작성해보자. 어느 순간 서류 합격이 쉽게 느껴질 거다.

이 간단한 방법으로
합격률을 2배 올리세요

누구나 책장을 넘기다가 손을 벤 경험이 한 번쯤은 있을 것이다. 일반인들은 해당 경험을 통해 위험 요소를 발견하지만, 창의적인 사람은 새로운 기회를 발견한다. 미국 디자이너 나딤 하이다리(Nadeem Haidary)는 종이에 손을 다친 이후 종이의 날카로움에 감탄한다. 칼처럼 사용할 수 있겠다고 생각한 그는 종이를 활용해서 칼을 만들기로 한다. 제품명은 페이퍼컷 레이저(Paper Cut Razor)다. 페이퍼컷 레이저는 일반 종이를 방수 가공해서 판매한다. 일회용 면도기처럼 한 번 사용하고 버려도 되고, 재활용도 가능하다. 종이 모서리의 날카로움이 새로운 제품으로 탄생한 사례다. 같은 것을 봐도 다른 발상을 해서 성공했다.

자기소개서에서도 조금만 발상을 전환하면 합격률을 큰 폭으로 올릴 수 있다. 합법적인 사기 기술 두 가지를 소개하겠다. 첫째, 담당자 무의식에 합격을 인지시키는 일이다. 사람은 자신이 의식적으로 선택한다고 생각하지만, 실질적으로는 무의식이 더 큰 영향을 미친다는 것이 여러 실험을 통해 증명됐다. 인간은 수학적인 계산보다는 정보를 어떻게 주느냐에 따라 선택을 다르게 한다. 구체적인 사례를 통해 알아보자. 사업 성공률에 대해 질문을 한다고 해보자. 그룹을 두 개로 나눈 후 첫 번째 그룹에게는 사업가 1,000명 중 900명이 성공했다고 알려준다. 다른 그룹에게는 이 사업에서 100명이 실패했다고 알려준다. 첫 번째 그룹이 더 높은 확률로 해당 사업을 긍정적으로 평가한다.

또 다른 실험 사례를 살펴보면 더 명확하다. 이번에도 그룹을 두 개로 나눈 후 한 그룹에게는 고기 1인분 중에 '살코기가 75%'라고 말했다. 다른 그룹에게는 '지방 25%'가 함유됐다고 말을 했다. 지방이라는 표현을 들은 두 번째 그룹은 첫 번째 그룹보다 고기 품질이 31%, 맛은 22% 더 나쁘다고 평가를 했다. 분명 같은 고기지만 어떻게 정보를 전달하는지에 따라 내용이 달라진다. 두 가지 사례를 통해 사람의 결정을 통제할 수 있음을 알 수 있다. 합리적으로 유추해보면 인사담당자의 판단도 여러분이 어떤 정보를 제공하느냐에 따라 달라질 수 있다. 스펙이 문제가 아니라는 뜻이다.

담당자에게 여러분 자기소개서를 좋게 평가하려면 긍정적인 단어를 많이 쓰면 된다. 이 사례에서도 어떤 상품의 긍정성에 강조했을 때 더 호의적인 평가를 받았다. 자기소개서에서도 이 방법을 사용할 수 있다. '성실함', '성공', '우수한'과 같은 단어를 가능한 만큼 많이 사용하면 인사담당자는 자신도 모르는 사이에 해당 자기소개서를 높게 평가할 것이다. 단어가 사람의 생각에 미치는 영향은 생각보다 크다. 못 믿는 사람들을 위해 재미있는 사례를 공유하겠다. 해당 내용을 살펴보면 단어가 실제 행동에 영향을 줄 수 있다는 사실을 믿게 될 거다.

대학생을 두 집단으로 나눴다. 그 후 한 집단은 스포츠, 근육, 활력과 같은 젊음과 관련된 단어를 이용해 글을 쓰게 했다. 다른 집단은 질환, 통증과 같은 늙음과 관련된 단어를 활용해 글짓기를 했다. 두 집단 모두 글을 다 쓴 후 계단을 올라가게 했다. 속도를 측정하자 놀라운 결과가 나왔다. '젊음'이라는 단어를 활용해 작문한 집단이 '늙음'과 관련된 단어로 글을 쓴 집단보다 빠른 속도로 계단을 올랐다. 연구 결과를 다시 한번 증명하기 위해 다른 실험을 진행했다. 네덜란드 암스테르담 국제공항에서 젊은이 사진 광고판을 설치한 후 여행객의 걷는 속도를 측정했다. 그 결과 젊은이 사진 광고판을 본 여행객들 보행 속도보다 노인 사진 광고판을 본 여행객들 보행 속도가 느렸다.

이처럼 언어가 생각보다 사람들의 무의식과 선택에 큰 영향을 미친다. 광고판은 구체적인 이미지라 다르지 않냐고 반문하는 사람이 있을 거다. 하지만 문자를 활용해 사람들을 상상하게 할 수 있다. 기저귀 판매하는 곳에 사진기를 두고 '여러분은 지금 소중한 추억을 남기고 싶지 않으세요?'라는 문구를 적어 놨을 때 판매율이 급격히 올라갔다. 소비자 스스로 사진을 통해 추억을 기록하는 모습을 상상하게 한 거다. 여러분도 자기소개서를 통해 유능한 이미지를 인사담당자 머리에 심자. 그때 큰 힘을 발휘하는 건 긍정적인 단어다. 부정적인 단어는 최소화하고 좋은 이미지를 심어주는 단어에 집중하자.

두 번째 방법은 분석 보고서를 작성하는 거다. 아직 합격도 안 했는데 벌써 무슨 보고서를 쓰느냐고 생각하는 사람도 있을 거다. 하지만 회사 분석 보고서는 합격률을 50% 이상 올려준다. 실제 필자 경험으로 발견한 사실이다. 회사 분석 보고서는 자기 직무에 따라 달라진다. 만약 자신이 마케팅 부서에 지원한다면 'A기업 온라인 마케팅 방안 제안서'를 작성하면 되고, 영업 부서라면 '판매율 향상을 위한 ○○○'이라는 문서를 제작한다면 인사담당자의 흥미를 끌 수 있다. 자신이 디자인 부서에 지원한다면 포트폴리오와 함께 입사 후 만들어볼 디자인 자료를 미리 제작해서 제출하는 것도 좋은 방법이다.

제출 시기는 서류 제출과 함께하거나 면접 때 하면 된다. 인사담당자 메일이 적혀 있고, 자유로운 형식으로 자기소개서를 제출하라는 기업이 있다. 그런 기업에는 자기소개서, 경력기술서, 제안서를 함께 제출하면 합격률이 올라간다. 경력이 없는 신입은 경력기술서를 제외한 나머지 두 개 문서를 발송하자. 제출 서류가 정해져 있다면 서류 합격 후 면접 때 문서를 준비해가자. 반드시 3부 이상 출력을 해야 한다. 이유는 몇 명의 면접관이 들어올지 모르기 때문이다. 서류는 지속성이 강하다. 여러분이 면접 후 회사를 떠나도 서류는 거기에 남아 있다. 최종 면접까지 해당 서류를 들고 오는 인사담당자도 봤다. 해당 방법을 이용하면 회사에 대한 관심과 차별성을 동시에 증명할 수 있으므로 반드시 사용하자.

긍정적인 단어를 통해 인사담당자 무의식을 자극하는 방법과 회사 제안서 제작은 단순하지만, 합격률을 극대화할 수 있는 좋은 방법이다. 추가적인 문서 제작이 귀찮고, 시간이 오래 걸린다고 생각할 수 있지만, 취업 준비는 짧고 굵게 해야 한다. 다양한 기업에 부족한 자기소개서를 제출하지 말고 10개 정도만 추려보자. 특정 기업에 집중해서 전략적으로 지원해야 취업 준비 기간을 최소화할 수 있다. 지금 이 내용을 알게 된 여러분은 이미 다른 지원자보다 강력한 무기를 얻은 것과 같다. 이제 실행에 옮겨보자.

WE ARE HIRING

WE ARE HIRING |

| 2장 |

취업의 90%는
자기소개서다

WE ARE HIRING |

자기소개서는
기업에 하는 고백이다

취업은 고백과 같다. 여러분이 처음 고백했던 그 순간을 떠올려 보자. 지금도 설레는 감정을 느낄 것이다. 대학생 현수 씨도 좋아하는 이성이 생겨 상대방에게 마음을 전달하기로 했다. 한 달 정도 서로를 알아가는 기간을 갖고, 상대방에 대한 호감을 확인했다. 서로 연락하기로 약속은 하지 않아도 연락하는 횟수가 많다. 그 사람을 생각하면 괜히 설렌다. 그녀와 손도 잡고 싶고, 공식적으로 데이트도 하고 싶은 마음이 커진다. 그리고 오늘 밤, 고급 레스토랑에 예약했다. 드디어 고백할 시기가 찾아온 거다. 고백하기 전에 어떻게 할지 인터넷에서 찾아본다. 주변 사람들에게 조언을 얻기도 한다. 머릿속으로 수십 번의 시뮬레이션을 한 후 드디어 말한다. "나랑 사귈래?" 상대방은 옅은 미소를 띠며 고백을 거절한다. "미안해. 우리는 친구 사이가 좋은 거 같아."

현수 씨가 거절당한 이유를 살펴보며 자기소개서에 적용해보자. 우선 현수 씨는 만날 때마다 계획이 없었다. 일단 만나고 나서 무엇을 할지 고민했다. 그러다 보니 대부분 데이트 상대가 계획하는 경우가 대부분이었다. 간신히 선택한 데이트 코스는 항상 밥을 먹거나 영화 보는 것처럼 평범했다. 처음에는 상대방에 대한 호기심으로 참을 수 있지만 계속 반복되면 질린다. 수동적인 사람은 매력 없다. 만났을 때 계획이 있어야 상호 간 시간 낭비를 줄일 수 있다. 현수 씨가 모두 계획을 세울 필요는 없지만, 상대방을 배려해 어느 정도는 선택지를 생각했어야 한다. 또한, 상대편 여성보다 현수 씨가 더 좋아하는 만큼 좀 더 신경을 써야 하는 건 현수 씨 쪽이다. 최소한 만나기 전에 메시지를 통해 어떤 걸 할지 함께 논의해야 한다.

자기소개서 역시 마찬가지다. 지금 급한 건 기업이 아니라 여러분이다. 기업이 시키는 일만 열심히 하겠다고 하는 사람은 매력 없다. 만약 같은 일만 반복할 거라면 신입 사원을 채용할 이유가 없다. 기업은 신입 사원이 신선한 아이디어로 회사에 긍정적인 영향을 미치기를 기대한다. 기대치를 충족시키려면 '입사 후 포부'와 같은 문항에서 자신이 어떻게 기업에 이바지할 건지 구체적으로 작성해야 한다. '글로벌 인재가 되겠습니다', '회사를 시장 1위로 도약시키겠습니다'와 같은 문구는 생각 없이 영화관에 가는 것과 같다. 회사를 정확하게 분석했다면 입사 후에 어떤 부분에서 자신이 영향력을 미칠 수 있을지 발견할 수 있을 거다.

또 다른 문제점은 상대방을 설레게 하지 못했다는 사실이다. 고백을 수락하려면 상대방도 나와 같은 두근거림을 느껴야 한다. 나만 좋아하면 안 된다. 설렘은 그 사람만의 매력에서 나온다. 큰 키, 잘생긴 얼굴, 몸매 등 다양한 요인이 있겠지만 가장 중요한 건 그 사람의 성격이다. 사람들은 대화하면 편하고, 재미있는 상대를 좋아한다. 이효리, 이상순 부부만 보더라도 외적으로는 전혀 밸런스가 맞지 않는다. 하지만 이상순의 매력적인 성격이 이효리를 설레게 했다. 외모만으로 데이트 상대를 결정했다면 이와 같은 일이 절대 발생하지 않았을 거다.

자기소개서에서 외모는 스펙이다. 외모가 뛰어나면 연애 초반에 유리한 위치를 차지할 수 있듯이 스펙이 좋으면 면접에서도 긍정적인 평가를 이끌어낼 수 있다. 하지만 연애에서도 외모가 전부가 아닌 것처럼 자기소개서에서도 스펙이 전부가 아니라 그 사람의 성향과 철학이 더 중요하다. 여러분이 인사담당자라고 생각을 해보자. 지원자 두 명이 있다. A씨는 명문대를 졸업한 인재다. 학점 4.3, 토익 980, 각종 자격증, 공모전 우승 3회라는 스펙을 보유하고 있다. 기대감에 자기소개서를 확인한다. 어디선가 본 듯한 표현이 가득하다. 회사 이름을 안 쓰고 '귀사'라고 표현한 것을 보니 다른 기업에 지원했음을 느낄 수 있다. 지원 동기도 추상적이다. 특히, 기업에서 생산하는 제품명을 잘못 기재했다. 정량적인 수치는 뛰어나지만, 기업에 대한 관심은 부족해 보인다.

B씨는 지방대 출신이다. 눈을 의심할 정도로 이력서 부분에 공란이 많다. 그 흔한 토익 점수도 없고, 자격증도 컴퓨터활용능력하나만 보유했다. 바로 불합격시킬까 고민했지만 그래도 자기소개서를 한번 확인해보기로 한다. 성장 과정이 인상적이었다. 어린 시절부터 판매에 소질이 있었음을 스토리를 통해 풀어냈다. 고등학교 시절에는 자신이 직접 구매대행을 해서 수천만 원의 수익을 올리기도 했다. 대학 입학 후에도 자신이 직접 영업 활동을 해서 수익을 올린 내용이 있다. 영업 직무에 지원한 이유가 확실하다.

또 다른 매력점은 이 사람의 진심 어린 태도다. 지원 동기 부분을 살펴보니 우리 회사 제품을 오랜 기간 이용한 소비자다. 소비자의 관점에서 회사 제품을 분석했다. 자신이 직접 사용해보니 어떤 점이 좋고, 어떤 부분을 개선하면 좋겠는지 상세히 기술했다. 앞으로 회사가 성장하려면 어떤 방안을 사용하면 좋을지도 제시했다.

주변 사람들을 설문까지 하며 시장 분석을 했다는 점에서 열정이 느껴진다. 마지막으로 자신의 강점을 바탕으로 어떻게 회사에 이바지할 건지를 작성했다. 자기소개서를 보지 않았다면 후회할 뻔했다는 생각이 든다. 여러분이라면 A와 B 중 어떤 지원자를 선택할 건가? 대부분 B를 선택할 거다. 역지사지 자세로 생각해보면 답은 쉽게 나온다.

그러므로 자기소개서는 고백이다. 자기소개서는 말이 아닌 문자로 기업에 고백하는 거다. 자신이 얼마나 기업을 생각하고, 관심 있는지를 보여줘야 한다. 과거에는 기업 관련 정보를 찾으려면 오랜 시간이 필요했다. 직접 모든 제품을 체험해보기엔 시간적, 금전적 부담도 크다. 하지만 요즘엔 다양한 자료가 온라인 공간상에 존재한다. 직접 구매해서 체험해보기 어렵다면 이용 후기를 살펴보면 된다. 여러분은 시간을 할애하고 손가락만 움직이면 된다. 관련 정보를 얼마나 잘 찾고, 정리하는지에 따라 합격률이 달라진다.

가장 좋은 방법은 쓰고 그다음 날 다시 한번 확인해보는 거다. 타인의 관점에서 읽어본 후 자신이 기업이라면 뽑고 싶은지 판단해보자. 내가 봐도 매력 없는 자기소개서를 타인이 선택해줄 거라는 상상은 하지 말자. 직접 읽어보고 너무 평이하다는 느낌이 든다면 문제점이 무엇인지 찾아봐야 한다. 대부분 추상적인 부분이 문제임을 발견할 수 있다. 상대방은 전문가다. 빈틈이 보이면 바로 찾아낸다. 최소 2회 이상은 확인해보고 부족한 부분을 보완하자. 글을 읽고 감정이 느껴져야 상대방은 행동한다. 감정이 결정에 가장 큰 영향을 미친다는 사실을 기억하자. 죽은 듯 생동감이 없는 표현은 살아 있는 사람을 움직일 수 없다.

글쓰기 역량보다 중요한 것

　필자가 즐겨 보는 유튜브 채널이 있다. '글천개'가 그 주인공이다. 글천개는 전자책 판매를 메인 콘텐츠로 삼으며 사업 성공 비결을 공개한다. 외적으로만 살펴보면 동네에서 많이 만났을 듯한 친근한 인상을 지닌 보통 '아저씨'다. 썸네일도 투박하다. 영상 중 한 장면을 스크린샷 한 후 사용한다. 폰트도 파워포인트에서 많이 쓰는 디자인을 이용했다. 편집 역시 평이하다. 단순한 컷 편집과 자막 추가 정도만 했다. 사실, 처음 이 채널을 봤을 때 과연 얼마나 성장할 수 있을지 의문을 품었다. 그런데 예상과 달리 빠른 속도로 성장하며 콘텐츠가 본질임을 증명해냈다. 필자 역시 처음에는 호기심에 한 영상을 시청한 후로 모든 영상을 빠짐없이 봤다. 그만큼 좋은 내용이 많다. 대부분 사람이 영상 장비와 편집법을 고민하고 있을 때 그는 본질을 먼저 파악했다. 그 차이가 다른 결과를 만들었다.

　자기소개서도 마찬가지다. 여러분이 아무리 문장력이 좋다고 해도 내용 자체가 신선하지 않으면 인사담당자의 선택을 받지 못한다. 신선함은 개인의 경험에서 나온다. 자기 스토리 중에서 재미있는 부분을 확대하면 된다. 누구나 살면서 흥미로운 이야기를 지니고 있다. 단순한 아르바이트에서도 소재를 찾을 수 있다. 필자가 직접 경험한 사례를 예시로 살펴보자. 과거에 이디야에서 바리스타로 근무한 경험이 있다. 골프장 밑에 매장이 있어서 대부분 나이가 많은 고객이 방문했다. 가장 흥미로운 건 중년 어른들의 사랑 이야기였다.

　어떤가? 벌써 뒷이야기가 궁금하지 않은가? 사랑 이야기도 재미있는데 중년 어른들의 이야기는 흥미를 자극한다. 궁금증을 느끼는 여러분을 위해 계속 말해주겠다. 필자가 근무했던 카페 사장님은 50대 여성이었다. 미혼이었고, 동안이라고 말할 수 있을 정도로 자기 관리를 잘했다. 그러다 보니 고객들에게 구애를 많이 받았다. 가장 기억에 남는 건 감나무에서 감을 따서 사랑 고백을 한 60대 남성 고객이다. 그 고객은 항상 깔끔한 정장 차림으로 카페를 방문했다. 카페 사장님도 마음이 어느 정도 있는 듯했다.

카페 아르바이트가 끝난 후 집에 돌아가는 길에 그 고객이 주변을 서성이고 있는 것을 봤다. 해당 고객은 사장님에게 호감을 사기 위해 필자에게도 친절하게 대했다. 필자 역시 따뜻하게 대해주는 그에게 서비스 음료를 제공하곤 했다. 사장님도 크게 제지하지 않았다. 어느 정도 친분이 있었던 터라 그에게 다가가서 물었다. "여기서 뭐 하세요?" 그는 사장님과 조금이라도 더 말하고 싶어서 기다리는 중이라고 했다. 필자는 고객에게 좋아하면 마음을 빨리 표현하라고 조언했다. 지금 사장님도 좋은 감정이 있는 거 같은데 시간을 끌면 사라질 수 있다고 말했다.

그다음 날 충격적인 장면을 목격했다. 해당 고객이 감 달린 나뭇가지를 꺾은 후 사장님에게 전달한 거다. 그 후 "저랑 만나 봐요"라고 말했다. 필자가 본 어떤 고백보다 가장 솔직하고 멋졌다. 자기소개서 전달하는 과정도 고백과 같다. 여러분의 솔직한 마음을 기업에 표현해야 한다. 만약 저 고객이 감나무 가지가 아닌 일반 꽃으로 했다면 이 정도로 기억에 남진 않았을 거다. 또한, 그가 진심으로 고민하는 모습을 필자가 봤기에 그 사랑이 얼마나 진실한지 확인할 수 있었다.

여러분에게 이제 묻고 싶다. 여러분은 이 사례에 나온 고객만큼 진심으로 고민했는가? 기업에 선택받으려면 저 정도의 진심은 보여야 한다. 수많은 기업 중 하나로 취급을 한다면 기업도 여러분을 수많은 지원자 중 한 명으로 취급할 거다. 인사담당자도 자기소개서를 받아보면 안다. 얼마나 고민했는지. 필자 역시 서비스를 시작하기 전에 초안만 받아봐도 그 사람의 성향을 파악할 수 있다.

기억에 남는 의뢰인은 자료 조사를 완벽하게 한 후 필자에게 함께 전달한 사람이다. 그 기업의 사업 현황부터 직무는 어떤 일을 하는지, 그리고 관련 기사를 압축해서 보내줬다. 자기소개서 내용도 훌륭했다. 물론 1,000자 쓰는 문항에 3,000자를 써서 내용 정리가 필요했지만, 그것만 봐도 이 사람이 얼마나 열정적인 사람인지 알수 있었다. 이처럼 자기 철학과 태도는 자연스레 드러난다. 자신은 아무리 가리려고 해도 그 성향이 보일 수밖에 없다. 결국 그 의뢰인은 대한민국에서 내로라하는 유명 대기업에 합격해 지금 근무 중이다. 해당 사례를 보고 여러분은 어떤 사람인지 고민해보자.

합격은 문장력이 아닌 진심이 판가름한다. 문장력은 있으면 좋고, 없어도 당락을 결정할 정도로 큰 영향을 미치진 않는다. 유튜버 글천개의 성공과 감나무를 꺾어온 손님 사례에서 확인할 수 있듯이 중요한 건 콘텐츠다. 투박하지만 맛있는 감자와 같은 자기소개서를 써야 한다. 너무 겉멋을 부려 치장을 하면 오히려 독이 된다. 이성을 고를 때도 마찬가지다. 상대방 외모가 훌륭하면 처음에는 눈이 가지만, 그 사람의 인성이 나쁘다는 사실을 발견하면 매력이 떨어진다. 그런데도 문장에만 치중하려는 모습을 보면 안타까움이 크다.

자신만의 스토리를 생각해보자. 감나무 아저씨가 단순히 "나는 사랑할 때 상대방에게 진심을 다합니다"라고 말하는 것보다 실제 사례를 통해 말해줘야 더 설득력이 강하다. 스토리텔링이 중요한 이유다. 상대방에게 의견을 강요하려고 하지 말고 자연스레 보여주자. 관련 자료를 보내주는 태도에서 열정을 발견하는 것처럼 여러분도 사례를 통해 자신을 표현해야 한다. 또, 한 가지 팁을 말하자면 칭찬은 타인의 입을 빌려야 한다. 스스로 좋은 평가를 받았다고 말하지 말고, 팀장님이 "현우 씨는 내가 이직해도 데리고 가고 싶을 정도로 능력 있어"라고 한 말을 인용하자. 좀 더 객관성을 얻을 수 있다.

결국, 감나무 아저씨는 고백에 성공해서 카페 사장님과 공식 커플이 됐다. 진심은 언제든지 통한다는 사실을 해당 사례를 통해 알 수 있다. 해당 스토리를 읽고 마음이 조금이나마 설렜다면 성공이다. 인사담당자도 지금 여러분이 느낀 감정을 느낄 수 있게 해야 한다. 자기소개서는 딱딱한 글이라는 생각에 자연스레 힘이 들어간다. 의뢰한 자기소개서 대부분이 연설문 같다는 생각이 들 정도로 무미건조하다. 자, 다시 한번 기억하자. 자기소개서는 말랑말랑한 껌과 같아야 한다. 그 내용이 담당자 마음에 붙을 수 있도록 여러 번 씹어야 한다. 곱씹고 곱씹은 후 자신도 재미있다는 생각이 들면 그때 전달하자. 재미있어야 읽힌다.

단순해야 잘 팔린다

자기소개서는 여러분 자신을 판매하기 위해 작성하는 글이다. 문학적 가치보다는 시장 논리를 따른다. 다른 사람보다 우수해야 선택받는다. 세일즈 글쓰기의 핵심은 사람들의 기대감을 자극하는 거다. 전통적인 세일즈 기법을 살펴보면 사람들의 니즈를 파악한 후 이에 맞는 상품을 제공하라고 한다. 당연한 소리다. 배고프면 밥 먹으라는 말과 같다. 인사담당자를 전혀 모르는 상황에서 그가 원하는 소재를 찾기 어렵다. 인사담당자의 수요를 파악하는 것이 아니라 인사담당자의 상상력을 자극해야 한다. 유능하고 함께 일하고 싶은 사람이라는 이미지를 머릿속에 심어줘야 뽑힌다.

인사담당자가 여러분의 이미지를 선명하게 그릴 수 있게 하려면 이미 인사담당자가 알고 있는 소재와 연계시켜야 한다. 자기만의 언어를 사용하면 아무도 이해 못 한다. 시험 공부할 때를 떠올려보자. 아무리 집중하고 열심히 읽어도 해당 내용은 몇 시간만 지나도 대부분 까먹는다. 우리가 망각하는 이유는 연결할 수 있는 정보가 없기 때문이다. 뇌에서 뉴런(신경세포)과 뉴런의 연결 부위인 시냅스가 서로 연결되면 하나의 회로가 만들어지는데, 그 회로가 기억이다. 정보가 저장되는 공간은 해마다. 뇌로 들어온 감각 정보를 해마가 저장하고 있다가 대뇌피질로 보내 장기기억으로 저장한다. 그 장기기억과 유사한 기억은 쉽게 저장되지만, 전혀 다른 기억은 새로운 회로를 만들어야 하기에 정보저장에 더 오랜 시간이 걸린다.

이미 완성된 전봇대 두 개를 잇는 게 전봇대 건설부터 시작하는 것보다 빠른 이유와 같다. 인사담당자의 수준이 모두 다르므로 그가 알고 있는 것들을 파악하기 막막하다면 쉽게 쓰면 된다. 상대방이 중학생이라고 생각하고 글을 써보자. 필자가 앞서 설명한 것과 같이 뉴런과 대뇌피질을 논하기보다 전봇대로 비유하는 방법이 훨씬 이해하기 쉽다. 대부분 사람이 전봇대가 어떤 건지 이미지가 머릿속에 있기 때문이다. 이처럼 여러분도 글을 쓸 때 이미 상대방이 실체를 알고 있는 것을 활용해 작성한다면 공감도가 높아진다.

상상해보자. 여러분은 A기업 인사담당자다. 이번에 마케팅 직원을 한 명 뽑으려고 한다. 자기소개서를 살펴보니 '글로벌 인재', '완전한 인격체', '4차 산업혁명 시대에 적합한 인재'와 같이 추상적인 표현이 가득하다. 이 사람이 어떤 사람인지 알 수 없다. 그러던 중 눈에 띄는 자기소개서를 발견한다. 그는 온라인 마케팅 능력이 뛰어나다고 한 후 구체적인 사례로 자기 능력을 증명했다. 블로그를 시작해 게시물을 상위 노출을 시켜 1,000만 원 이상의 수익을 얻었고, 유튜브에 홍보 영상을 만들어 판매율을 200% 이상 향상시키기도 했다. 단순히 능력이 뛰어나다고 말하기보다 1,000만 원 같은 실제 액수를 말하면 상상하기 더 쉽다. 최근 회사에서 유튜브와 블로그에 집중하고 있는 만큼 그의 말이 더 와닿는다. 만약 그가 빅데이터 마케팅이나 브랜드 마케팅과 같은 이론적인 부분에 집중했다면 이렇게 깊은 인상을 남기지 못 했다.

이미지를 심은 후에는 뽑아야 하는 이유를 좀 더 명확하게 만들어줘야 한다. 아이폰을 사는 상황을 생각해보자. 논리적으로 생각했을 때 일반인에게는 아이폰보다 갤럭시가 더 유용하다. 가격도 저렴하고, 성능도 유사하다. 안드로이드가 더 호환성이 좋기도 하다. 아이폰은 다른 휴대폰과 영상 통화를 하지 못할 정도로 불편한 점이 많다. 특출나게 좋은 부분이 있다면 카메라 정도다. 그런데도 아이폰을 사는 이유는 '감성' 때문이다. 제품 자체가 주는 디자인과 느낌이 사람들을 유혹한다. 이성보다 감성에 끌려 아이폰을 구매하는 사람이 많다는 사실은 국내 아이폰 이용자 수를 보면 알 수 있다. 한국갤럽 조사 자료를 보면 20대 10명 중 6명이 아이폰을 쓴다.

아이폰이 갤럭시와 경쟁할 수 있는 이유는 단순하다. 제품 자체가 예쁘다. 촉감도 좋다. 들고 있는 것만으로도 자기 가치가 올라가는 기분이다. 이처럼 자기소개서도 단순해야 잘 팔린다. 대부분 사람의 자기소개서를 살펴보면 너무 많은 정보가 들어가 있다. 자신을 열심히 홍보하고 싶은 건 알겠지만 과유불급이다. 대부분 자기소개서 분량은 1,000자 이내로 정해져 있다. 그런 상황에서 300자씩 3개의 사례를 쓴다면 내용이 추상적으로 변함과 동시에 주제가 약해진다. 도대체 무슨 소리를 하는 건지 이해하기 어려운 자기소개서가 많은 이유다.

합격하려면 소재는 한 개만 쓰자. 깔끔한 정장을 입고 면접에 참여하는 것과 같이 글도 단정해야 한다. 세 가지를 고민할 시간에 한 가지에 집중해보자. 잽보다 강한 한 방이 훨씬 더 효과적이다. 정보 다이어트만 해도 여러분의 자기소개서는 가독성이 높아진다. 모든 문항을 한 가지 문항으로 답한 후 거기에 맞는 근거, 사례도 하나만 기술하자. 글자 수가 1,500자 이상인 문항을 어떻게 한 가지만으로 작성하냐고 묻는 사람도 있을 거다. 글을 계속 늘림으로써 해결할 수 있다. 기존 내용을 구체화해보자.

"배가 고파서 밥을 먹었다"라는 문장을 두 문장으로 바꿔보자. "잠을 자고 일어나니 배가 고팠다. 어제 남긴 치킨 한 조각을 먹었다." 이제 세 문장으로 늘려보자. "잠을 자고 일어나니 배가 고팠다. 벌써 3시다. 어제 남긴 치킨 한 조각을 먹었다." 이런 식으로 점점 늘려갈 수 있다. 단순한 문장 하나도 10줄 이상으로 늘리고, 여기에 의견을 더하면 글이 완성된다. 소재가 많아야 글이 풍부해진다는 고정관념은 버리자. 단 하나의 소재, 주제, 사례로도 훌륭한 글 한 편을 완성할 수 있다. 글을 난삽하게 쓰는 것은 머리를 노란색으로 염색한 후 면접에 참여하는 것과 같다.

합격하려면 한 가지만 기억하자. 쉽게 써라. 이미지를 떠올리게 글을 쓰는 것도, 소재를 하나만 제시하는 것도 결국 담당자가 쉽게 판단할 수 있도록 하기 위해서다. 잡다한 기능이 많은 제품은 매력 없다. 심플함으로 승부 보자. 가끔은 흑과 백의 조화가 어느 색보다 아름다울 때가 있다. 성공은 단순함에서 나온다. 어려우면 떨어진다.

취업 성공의 출발점,
자기소개서

시작이 전부다. 다른 모든 활동에도 처음이 중요하겠지만 취업은 특히 시작이 중요하다. 취업에서 시작은 자기소개서다. 회사가 자신을 평가하는 첫 번째 관문인 만큼 자기소개서 작성에 신경 써야 한다. 평범한 자기소개서로 서류 합격은 운 좋으면 하겠지만, 최종 합격까지 가기 어렵다. 자기소개서가 합격까지 영향을 미치는 이유는 초두현상이 잘 설명해준다. 초두현상이란 처음 받은 정보나 인상이 나중에 제시된 정보보다 강한 영향력을 발휘하는 것을 말한다. 처음 제공하는 정보가 가장 중요하다는 말이다. 초두현상이 나타나는 이유는 뇌가 보고 듣는 정보를 본능적으로 일관성 있게 받아들이려고 하기 때문이다. 처음에 수용한 정보와 반대되는 내용이 있으면 뇌가 이를 거절한다.

초두현상을 증명하기 위해 솔로몬 애쉬(Solomon Eliot Asch)는 실험을 진행했다. 실험 참가자들에게 A와 B, 두 집단 성격에 대해 같은 정보를 제공했다. 정보를 제공하는 순서는 반대였다.

A : 지적이다, 부지런하다, 충동적이다, 비판적이다, 고집스럽다
B : 고집스럽다, 비판적이다, 충동적이다, 부지런하다, 지적이다

그 후 참가자들에게 A와 B에 대한 느낌을 물었다. 대부분 사람들이 A에 더 큰 호감을 느꼈다. B를 부정적으로 평가하는 사람이 더 많았다. 분명 같은 정보를 제공하고 순서만 바꾼 건데 다른 평가를 했다. 사람들의 뇌가 생각보다 합리적이지 않다는 것을 다시 한번 증명하는 사례다. 취업 이야기로 돌아가보자. 인사담당자가 서류 평가 시에 그냥 평이하다고 평가한 지원자는 면접 때도 불합격할 가능성이 크다. 이와 달리 서류에서 경쟁력 있다고 생각한 지원자는 끝까지 채용하려는 경향이 크다.

면접도 초두현상이 작용한다. 잡코리아가 중소기업 채용면접관 833명을 대상으로 '채용 면접에서 첫인상이 미치는 영향'에 대해 설문조사를 했다. 지원자의 첫인상이 '매우 높은 영향을 미친다'는 답변이 39.8%로 많았다. 첫인상을 결정하는 가장 큰 요인은 '자세와

태도'다. 그 뒤로 '표정과 눈빛(45.8%)', '답변하는 내용(45.2%)' 순으로 높았다. 처음 면접장에 입장할 때부터 신경 써야 하는 이유다. 대부분 면접관은 지원자가 들어오는 모습만 봐도 합격자를 결정할 수 있다고 한다. 초기에 면접관들로부터 좋은 평가를 받는 방법은 다음과 같다.

우선, 답변 시에 면접관 눈을 바라봐야 한다. 시선을 피하는 지원자는 자신감 없어 보인다. 자기 차례가 아닐 경우는 큰 상관 없지만, 질문에 답할 땐 반드시 눈을 맞추고 대답하자. 목소리 크기도 중요하다. 평상시에 말하는 목소리보다 조금만 더 크게 말하자. 목소리가 커야 주목도가 높아진다. 면접관들 고개를 들게 만들어야 합격 가능성이 커진다. 또한, 답변은 두괄식으로 말하자. 면접관들은 많은 사람을 평가해야 하기 때문에 핵심내용을 빨리 듣고 싶어 한다. 중요한 내용을 가장 먼저 답변함으로써 주목도를 높일 수 있다. 중요도순으로 정보를 배열하는 습관을 지니자.

주의해야 할 사항은 과한 행동은 하지 말아야 한다는 점이다. 실제로 필자가 면접관으로 면접에 참여하면 부자연스러운 지원자는 대부분 탈락시켰다. 가장 기억에 남는 사례는 눈앞에서 춤을 춘 지원자다. 자신을 간략히 소개해달라고 했는데, 자신은 몸으로 표현하겠다고 하며 춤을 추기 시작했다. 당연히 그 지원자는 탈락했다.

또 다른 사례는 목소리가 어색한 지원자다. 평소 목소리와 달리 과하게 밝아 보이려고 목소리를 변화해서 이상함을 느꼈다. 결국 나중에는 본인도 지쳤는지 평소 목소리로 돌아왔다. 필자가 듣기에는 평상시 목소리가 훨씬 매력적이었지만 스스로는 밝은 게 가장 좋다고 판단했다.

이와 같은 일이 벌어지는 이유는 잘못된 정보 때문이다. 블로그나 유튜브를 보면 아무나 자신이 전문가라고 하며 잘못된 정보를 퍼뜨린다. 정보를 듣고 그대로 실행하려고 하다 보니 이런 문제가 발생한다. 필자가 책을 쓰기로 결심한 이유 중 하나이기도 하다. 이처럼 잘못된 정보를 바탕으로 취업에 임하면 오히려 더 오랜 시간이 소요된다. 잘못된 방식으로 운동하면 몸에 더 안 좋은 것과 같은 이치다. 그러니 절대 자신과 맞지 않는 부자연스러운 행동을 연습하지 말고 본연의 모습을 면접관에게 보여주자. 아이들이 쓴 글이 더 아름다울 수 있는 이유도 꾸밈이 없는 솔직함 덕분임을 잊지 말자.

글쓰기를 못 하는
당신에게 하는 긴급처방

'자기 핸디캡 전략'이라는 심리학 용어가 있다. 어떤 상황에서 스트레스를 많이 받아 무의식적으로 이를 모면하려는 심리를 말한다. 노력이나 실력을 탓하기보다 핑곗거리를 만들어 자신을 방어한다. 취업을 못 한 이유를 자기 능력보다 사회 구조 탓으로 돌리는 경우가 대표적인 예다. 이와 같은 자기 핸디캡 전략이 글쓰기에도 적용된다. 대부분 글쓰기 교육을 받지 않았기에 막연한 두려움을 지니고 있다. 글쓰기는 선천적인 영역이며, 자신은 글쓰기 능력을 물려받지 못해 글을 못 쓴다고 한탄한다. 아름다운 글이나 좋은 글은 작가의 영역이라며 선을 긋는다. 원인을 잘못 판단한 귀인 오류다. 좋은 글을 쓰기 위해 노력하지 않았기 때문에 글을 못 쓰는 거지, 그들이 선천적인 능력이 부족해서가 아니다. 최근 베스트셀러 작가들을 보면 전문가는 아니지만, 사람들에게 공감할 수 있는 글을 써서 인기를 얻는다. 문장 작성 능력은 부족하더라도 의미 있는 글을 만들어내서 성공했다.

문제를 정확히 파악해야 해결할 수 있다. 글을 못 쓰는 이유는 자신이 노력하지 않았기 때문이라는 사실을 인정해야 한다. 문학적인 글쓰기라면 선천적인 역량이 어느 정도 작용한다. 창의력이 큰 비중을 차지하기 때문이다. 하지만 우리가 쓰려는 글은 실용적인 글이 대부분이다. 학생에게는 논술이, 대학생에게는 논문이, 취준생에게는 자기소개서가 글쓰기 대부분을 차지한다. 취업에 필요한 글을 잘 쓰려면 예술이 아닌 기술적인 측면으로 접근해야 한다. 기술은 배우면 익힐 수 있다. 특히, 글쓰기는 올바른 방법으로만 연습한다면 단기간에 빠른 실력 향상을 할 수 있는 분야이기도 하다. 1년 정도 꾸준히 연습하면 책을 출판할 수도 있다. 운전을 아무리 못하는 사람이라도 하다 보면 상위 20% 정도의 실력은 갖출 수 있는 것과 같다. 올바른 방법으로 연습하는 일을 지속하는 것이 글쓰기의 왕도다.

필자 역시 글쓰기를 잘하지 못했다. 대학에 입학했을 때 전공은 전기공학이었다. 공대생이기에 글을 쓸 기회가 많지 않았다. 끊임없는 과제와 실험에 글쓰기를 연습할 심적인 여유가 없었다. 과목당 50페이지 분량을 외워야 했기에 글은 항상 후순위였다. 공대 학습에 글쓰기가 끼어들 자리는 없었다. 이과 공부는 적성에 맞지 않음을 느끼고 문과로 전향했다. 문과 중 글을 가장 많이 써야 하는 언론정보학과로 전과했다. 공대생이 졸지에 기자 지망생들과 경쟁하게 됐다. 공대와는 달리 대부분 글쓰기를 바탕으로 평가가 이뤄졌다. 편입 후 처음 쓴 글을 보며 얼굴을 붉힐 수밖에 없었다. 누가 봐도 형편없었기 때문이다. 학과를 바꾸면 모든 일이 쉽게 풀릴 거라는 순진한 생각과는 달리 다른 어려움이 덮쳤다.

첫 글을 쓴 후 읽으면서 울었다. 스스로가 한심해서 운 경우는 그때가 처음이었던 걸로 기억한다. 두려움과 서러움을 동시에 느꼈다. 그 당시 필자가 본 다른 동기들의 글은 칼럼니스트가 쓴 글과 유사해보였다. 그들은 필자가 과학 실험하는 동안 글을 써와서 상대적으로 잘 쓴다는 사실을 인정해야 했지만, 너무 큰 차이에 좌절감을 느꼈다. 과연 2년 동안 그들을 따라잡을 수 있을지 막막함을 느꼈다. 포기하기 전에 노력이라도 해보자는 생각에 서점에서 글쓰기 관련 책을 10권 정도 샀다. 책을 읽을수록 글쓰기는 후천적인 요인이 크다는 사실을 배웠다. 포기하지 않고 작은 부분이라도 실천을 하자는 생각을 했다. 사소하다고 생각했던 부분이 결국 큰 차이를 만들었고, 졸업하기 전 시민 기자로 활동하며 메인 기사로 노출되기까지 했다. 이런 필자 경험을 바탕으로 누구나 할 수 있는 쉬운 글쓰기 연습 비법을 공개하겠다.

필자의 글쓰기 실력에 가장 큰 영향을 미친 연습 방법은 '필사'다. 남의 글을 보고 똑같이 쓰는 것을 필사라고 한다. 특별한 방법이 아니라 실망하는 사람도 있겠지만 원래 본질은 단순하다. 좋은 글을 많이 써보며 이를 체화해야 한다. 〈중앙일보〉 시시각각과 〈조선일보〉 만물상, 김훈 작가의 거리의 칼럼을 중점적으로 필사를 진행했다. 시시각각 칼럼 중에서는 권석천 기자가 쓴 글을 추천한다. 김훈 작가 칼럼은 대부분 훌륭하다. 그중 하나를 꼽자면 '라파엘의 집'이다. 얼마나 아름다운 글인지 첫 문단만 여러분께 공개하겠다.

서울 종로구 인사동 술집 골목에는 밤마다 지식인, 예술가, 언론인들이 몰려들어 언어의 해방구를 이룬다. 노블레스 오블리주를 논하며 비분강개하는 것은 그들의 오랜 술버릇이다.

– 김훈 칼럼, 라파엘의 집 中 –

라파엘의 집이라는 불우 시설이 겪는 어려움을 숨김없이 드러낸다. 단문으로 리듬을 만드는 점도 주목해볼 만하다. 해당 칼럼만큼은 반드시 필사해보기를 권한다. 필사해보며 김훈 작가의 철학과 문장을 느껴보시길 바란다. 필사가 좋은 이유는 작가의 글을 내재화할 수 있다는 점이다. 좋은 글을 많이 따라 쓰다 보면 자연스레 자기 글에 녹아든다. 필자 역시 누구의 글을 필사했느냐에 따라 조금씩 글쓰기 스타일이 변했다. 초반에는 어떤 글을 쓰는지가 글쓰기 스타일에 영향을 미치지만, 계속 연습하다 보면 자신만의 색을 구축할 수 있다. 그렇기에 좋은 글을 최대한 많이 필사하는 게 중요하다.

작가에 따라 쓰는 '맛'도 다르다. 어떤 특색을 지녔는지 직접 느껴보는 재미를 여러분과 공유하고자 한다. 최근에는 인터넷 기술이 발달한 만큼 마음만 있다면 언제든지 좋은 글을 접할 수 있다. 앞에 언급한 칼럼 외에도 주요 언론사 사설란에는 매일 보석 같은 글이 올라온다. 언론사 칼럼과 사설을 위주로 시작하시길 권장한다. 너무 길면 부담감을 느끼지만, 칼럼 정도는 누구나 1시간 내로 필사할 수 있다. 하루에 한 개 필사가 이상적이지만, 어렵다면 2일에 한 개라는 목표를 두고 시작하길 바란다. 멍한 얼굴로 스마트폰을 바라보는 것보다 훨씬 의미 있는 경험이다. 정신이 살아나는 느낌을 여러분도 느껴보길 바란다.

허접한 자기소개서의
퀄리티를 올려주는 다섯 가지 비법

자기소개서는 작가를 뽑기 위해 존재하는 글이 아니다. 여러분은 문장력보다는 가독성에 집중해야 한다. 하지만 많은 사람들이 자기소개서 탈락 원인을 '문장력 부족'으로 뽑는다. 컨설팅을 진행하면 글을 못 써서 죄송하다고 말하는 사람이 많을 정도로 잘못된 인식이 널리 퍼져 있다. 자기소개서에서 글쓰기 역량은 커피와 같다. 있으면 좋지만 없어도 살아가는 데 지장이 전혀 없다. 글 잘 쓰는 사람이 유리한 상황인 건 맞지만, 합격을 결정하는 절대적인 요인이 아닌 이유다. 전혀 좌절할 필요 없다. 지금부터 알려주는 다섯 가지 사항만 잘 기억해도 여러분의 문장력은 크게 향상된다. 초등학생도 할 수 있을 정도로 쉬운 방법을 여러분에게 알려주겠다.

1. 문장을 죽이는 표현은 쓰지 말자

문장에 악영향을 주는 표현을 소개하겠다. '~것'이 첫 번째 주인 공이다. 글을 쓰다 보면 자연스레 '~것이다'를 많이 사용한다. 해당 표현은 가독성을 떨어뜨리는 만큼 쓰지 말자. 어쩔 수 없는 상황이라면 3회 이하로 횟수 제한을 두고 사용하자. 두 번째 표현은 '~의'다. '나의, 회사의, 기업의'과 같은 표현을 자주 쓴다. 평소에 우리는 그림자가 있다는 사실을 인지하지 못하고 살아가듯이 '~의'는 신경 쓰지 않으면 난발하는 표현 중 하나다. 다음으로 신경 써야 할 사항은 수동태 표현이다. '~된다', '~될 것이다'처럼 수동태 표현은 글쓴이가 자신감이 없어 보인다. 능동태로 써야 그 지원자가 당당해 보인다. 문장의 맛을 살리기 위해 간혹 수동태를 섞는 때도 있지만, 해당 부분을 활용하는 감을 익히려면 오랜 시간이 필요하다. 완전히 안 쓰는 건 문제가 아니지만, 수동태를 잘못 사용하면 글 전체를 망친다. 앞서 언급한 표현만 쓰지 않아도 글이 산다.

2. 단문으로 써라

짧아야 읽힌다. 길게 쓴 문장은 지루하다. 가장 큰 문제는 앞과 뒤가 따로 노는 경우다. 한 문장이 세 줄 이상으로 길어지면 주어와 동사를 일치시키기 어려워진다. 예시로 살펴보자. "제 취미는 사람들과 교류하며 상대방이 원하는 소재로 대화를 하고 항상 좋은 평가를 받았습니다." '제 취미는'에 어울리는 표현은 '~입니다'다. 취미를 평가받을 순 없다. 이와 같은 문제가 발생하는 가장 큰 문제는 복문으로 쓰기 때문이다. 복문은 주어와 동사가 두 개 이상인 문장을 말한다. 기사를 보면 대부분 단문으로 쓰여 있다. 정보를 빠르게 전달하기 위해서다. 기자보다 잘 쓸 자신이 없다면 짧게 쓰자. 문장이 짧아질수록 글이 쉬워진다. 특히 첫 문장은 단문으로 써야 강한 인상을 남긴다. 단문 80%, 복문 20%를 유지하자.

3. 말하듯 써라

필자는 작업 후 글을 직접 읽어본다. 입말로 해야 재미있다. 문장이 딱딱하면 인사담당자 태도도 굳는다. 옆에 친구가 있다고 생각하고 이야기를 들려주자. 학술적인 글이 재미없는 이유가 여기에 있다. 독자와 대화하지 않고 혼자만 떠든다. 지식이 많고, 훌륭한 연구인 건 알지만 상대방도 존중해야 한다. 강의하는 교수님과 상담하는 교수님은 같은 사람이지만 대화 흥미도는 다른 사람이라고 느낄 정도로 다르다. 대화를 못 하는 사람은 자신만 생각한다. 상대방을 배려하려면 글을 제출하기 전에 반드시 입으로 읽어보자.

글이 살아 움직인다.

4. 숫자를 활용하라

숫자는 심리를 조정한다. 가격이 2달러와 4달러인 펜이 있다. 이 중에서 4달러 펜만 3달러 99센트로 가격을 바꿨다. 그러자 대부분 학생이 후자를 선택했다. 반대도 마찬가지다. 2달러 펜을 1달러 99센트로 바꾸자 더 많은 사람이 구매했다. 사람들은 숫자 앞자리에 민감하게 반응하기에 1센트 차이가 다른 결과를 만든다. 숫자 마케팅을 자기소개서에 적용해보자. 여러분이 이전 직장에서 마케팅팀에서 일했다고 가정해보자. 온라인 채널을 담당했는데 초기 팔로워 수가 10명이었다. 그런데 자신이 담당하자 100명으로 늘었다. 같은 상황이라도 다르게 표현할 수 있다. '팔로워 수가 90명 늘었습니다', '팔로워 수가 10배 늘었습니다', '팔로워 수가 1,000% 증가했습니다'와 같이 다양하게 표현할 수 있다. 후자 표현이 훨씬 더 매력적으로 보인다. 자기소개서 작성 시 숫자를 이용해서 사실을 꾸며보자. 사실도 메이크업을 하면 더 아름답다.

5. 접속사는 최소화하라

글을 못 쓸수록 접속사를 많이 쓴다. 접속사를 적절하게 쓰면 글이 방향성을 갖는다. 문제는 필요하지 않아도 쓰는 경우다. '그래서', '하지만', '왜냐하면'은 논리적인 흐름에 맞춰 쓴다면 가독성에 악영향을 미치지 않지만, 그렇지 않은 경우가 더 많기에 최소화하는 습관을 지니자. 한 문단에 접속사가 2개 이상 들어간다면 글을 수정해야 한다. 옷을 입을 때 포인트 아이템은 소수로 제한한다. 너무 많은 포인트를 주면 오히려 산만해보인다. 글도 마찬가지다. 접속사 포인트는 끝에 하나 정도가 적합하다. 가능하다면 완전히 쓰지 않는 방법을 추천한다. 처음에는 어렵겠지만 익숙해지면 접속사를 생략하고도 글 흐름을 만들어낼 수 있다. 처음에는 접속사를 신경 쓰지 말고 쓴 후 퇴고할 때 줄이자.

합격한 사람들은
다 알고 있는 '이것'

새벽 2시. 모르는 번호로 문자가 왔다. "안녕하세요. 29살 김민우 (가명)라고 합니다. 취업이 너무 안 되어서 도움을 받기 위해 연락드렸습니다." 그날은 늦은 시간까지 자기소개서 작성을 하고 있었기에 그의 문자를 확인할 수 있었다. 무시할 수도 있었지만 얼마나 간절했으면 새벽까지 잠을 못 이뤘을까 하는 마음에 답장을 보냈다. "지원하셨던 기업명과 이력서, 자기소개서를 보내주세요." 확인을 해보니 스펙은 훌륭했다. 토익 990점, OPIC AL, 컴퓨터활용능력 1급 등 스펙 때문에 떨어지지는 않을 정도로 기본 조건은 충분했다.

자기소개서도 생각보다 깔끔하게 잘 썼다. 군더더기 없이 단문으로 썼다는 점에서 글을 못 쓰는 사람이라는 생각은 들지 않았다.

김민우 씨는 자신이 글도 잘 쓰는 것 같고, 스펙도 문제가 없는데 계속 불합격한다고 했다. 다른 지원자들과는 다른 패턴이라 흥미를 갖고 분석을 시작했다. 완벽해 보이던 그의 자기소개서에서 합격 자기소개서와 다른 점 세 가지를 발견했다. 이와 같은 실수는 취업 준비생이 많이 하는 실수인 만큼 여러분도 반드시 기억하자. 이것만 잘 알아도 합격률이 최소 30% 이상 올라간다.

첫 번째 문제는 '약점 기술'이다. 성격 장단점을 묻는 문항에서 치명적인 단점을 썼다. 그가 쓴 단점은 다음과 같다. '저는 다혈질입니다. 이런 성격 탓에 직장 상사와 다투기도 했습니다. 제 성격이 문제인 건 알지만 쉽게 고쳐지지 않았습니다. 하지만 지금도 고치려고 노력 중입니다.' 실제로 쓴 자기소개서 문장을 그대로 가져왔다. 여러분이 인사담당자라면 고민하지 않고 떨어뜨리지 않았을까. 성격이 다혈질인 것도 문제인데 하극상까지 했으면 뽑지 말아달라고 기업에 부탁하는 행위와 같다.

약점은 합격에 영향을 미치지 않는 내용을 써야 한다. 또한, 자신이 극복한 내용을 반드시 기술해야 한다. 자기소개서에 써도 되는 단점은 '소심함, 체력이 약함, 걱정이 많은 성격, 모든 일에 최선을 다함' 등이 있다. 해당 사항은 극복할 수 있기에 사용해도 무방하다. 소심함 같은 경우 다양한 대외 활동과 리더로 활동하며 극복했다고 말할 수 있다. 체력이 약한 건 운동을 통해 극복하고, 걱정이 많은 성격은 미리 계획을 세움으로써 해결할 수 있다. 마지막으로 모든 일에 최선을 다하는 약점은 중요도순으로 업무 계획표를 만들어서 오히려 강점으로 만들 수도 있다. 전화위복으로 만들지 못할 단점은 기술하지 말자.

두 번째 문제는 '질문에 있는 단어 사용'이다. 질문에서 능동성과 정직함을 보여준 사례를 쓰라고 하면 답변에서 해당 단어를 2회 이상 사용하지 말아야 한다. 가능한 한 1번도 사용하지 않는 방법이 좋다. '제가 스스로 업무를 처리하며 능동성을 보였습니다'라고 말하기보다 '스스로 업무를 처리했습니다'라고 쓰는 편이 더 가독성이 좋다. 해당 단어를 반복해서 사용하면 글을 읽기가 거북하다. 마치다 아는 내용을 다시 한번 알려주는 행위와 같다. '물을 마시려면 컵을 사용해'와 같은 사족은 최소화해야 한다.

세 번째 문제는 기업명이나 제품 명칭 실수다. 여러분은 삼양라면이 어느 기업에서 만들어지는지 아는가? 대부분 '삼양'이라고 말할 거다. 정답은 '삼양식품'이다. 기본적인 조사를 하지 않으면 이와 같은 실수를 한다. 실제로 삼양 채용 시 가장 많이 하는 실수가 '삼양라면'에 대한 내용을 자기소개서에 쓰는 일이라고 한다. 삼양라면은 삼양사와는 연관이 없는데 해당 제품을 언급하면 기본이 안 된

지원자라는 느낌을 받는다. 삼양사는 큐원, 상쾌한과 같은 제품을 생산한다. 혹시 삼양에 지원할 계획이 있으면 반드시 잊지 말자. 기업명 실수도 생각보다 많다. 최악의 표현은 '귀사'다. 귀사라고 쓰는 건 단체 메일을 전송하는 일과 같다. 민우 씨 역시 같은 실수를 했다. 기업 입장에서는 지원자가 여러 곳을 지원하다가 우리 기업을 지원했다고 느낀다. 실제로도 귀사라고 쓴 사람들에게 왜 그렇게 썼냐고 물어보면 하나로 많은 기업에 지원하기 위해서라는 답변을 한다. 단 한 번도 한 개 기업을 지원하는데 '귀사'라는 표현을 쓴 사람을 본 적이 없다. 귀사라고 쓰는 건 탈락 확률을 최소 20% 이상 향상시키는 일이므로 절대 사용하지 말자. 이름을 불러야 기업도 응답한다.

지금까지 민우 씨가 한 실수를 통해 합격을 위해 하지 말아야 할 사항을 알아봤다. 치명적인 약점 기술은 당락을 결정할 정도로 위험하다. 자체적으로 필터링을 해야 한다. 질문에 있는 단어를 그대로 사용하는 건 글의 맛을 떨어뜨린다. 당연한 이야기를 쓰는 것만큼 지루한 일은 없다. 마지막으로 기업이나 관련 정보를 잘못 쓰는 건 기본적인 자질이 부족하다는 평가를 받는다. 지원하는 기업 이름은 반드시 정확한 명칭으로 쓰고, 주요 제품도 검색해보자. 여러분이 기업에 주의를 기울일수록 합격률이 올라간다. 영어 공부가 중요한 게 아니다.

글을 끈끈하게 만드는
세 가지 기술

문장이 끈끈해야 합격한다. 문장이 연결되어 있다고 느끼게 해야 한다. 각 문장이 따로 놀면 그건 글이 아니다. 물을 보자. 물이 컵 안에 담겨 있으면 큰 힘을 발휘하지 못 한다. 좀 더 넓혀보자. 욕조에 담긴 물은 아기 몸을 움직일 정도로는 힘을 갖는다. 더 큰 범위로 가서 수영장을 생각해보자. 파도 풀장은 성인도 거칠게 민다. 실제 바다의 힘은 더 세다. 강한 파도는 도시 전체를 무너뜨린다. 글도 파도와 같아야 한다. 서로가 강하게 연결된 상태로 움직여야 한다. 컵에 담긴 물이 아무리 많아도 큰 힘을 발휘하기 어렵다. 하나로 뭉쳐서 움직여야 강하다. 구체적인 작성 방법을 알아보자.

처음에는 문장 세 개로 시작한다. 주장, 근거, 사례를 한 문장으로 써보자. 뼈대를 잡는 작업이다. 지문에서 묻는 키워드를 확인한 뒤 내가 하고 싶은 주장을 먼저 쓰자. 그 후에는 주장을 타당하게 만드는 근거를 제시하면 된다. 근거는 주장과 강한 연관이 있어야 한다. 그 후 사례다. 사례를 한 문장으로 적자. 예시를 살펴보자. 문항은 다음과 같다. '최근에 벌어진 사회적 이슈 중에 가장 기억에 남는 것을 쓰고, 그 이유를 설명하시오.' 취준생이 가장 어려워하는 문항이기에 해당 유형으로 사례를 설명하겠다.

우선, 사례를 두괄식으로 작성해야 한다. 당신이 '비트코인'을 주제로 쓴다고 가정해보자. 그럼 한 문장으로 '청년 세대의 비트코인 투자 열풍이 가장 기억에 남습니다'라고 쓴 후 근거 문장을 작성해야 한다. 근거 문장은 '빚투 현상이 사회적인 문제로 대두되고 있기 때문입니다'와 같이 쓸 수 있다. 마지막으로 사례는 기업과 연관 있어야 한다. '비트코인이 A기업에 영향을 미친 사례'를 찾은 후 정리하자. 한 가지만 찾자. 여기까지 작성했다면 그다음은 쉽다. 이를 바탕으로 구체적인 내용을 채우면 된다. 모범 답안은 다음과 같다.

[답안 예시]

최근 청년들 사이에서 비트코인 투자 관심이 커지고 있습니다. 월급만으로는 부자가 될 수 없는 현실에 절망하며 찾은 대안입니다. 그들은 '빚투(빚내서 투자하기)', '영끌(영혼까지 끌어모으기)'과 같은 단어를 사용하며 위험한 투자를 즐깁니다. 이와 같은 현상은 국내 경제에 큰 영향을 미치기에 주목해야 합니다. 청년층의 경제적 빈곤은 기업에도 악영향을 미칩니다. 그들은 중요한 소비자층이기 때문입니다. 기업 제품과 서비스에 소비할 돈을 코인과 같은 실체 없는 자산에 투자함으로써 사회적 문제를 초래합니다. 특히, A기업은 Z세대가 주요 고객인 만큼 해당 사례에 주목할 필요가 있습니다.

(후략)

문장 세 가지를 활용해서 글의 통일성을 형성한 후에는 방해꾼을 찾아야 한다. 아름다운 그림에도 점 하나가 찍히면 작품 전체를 망가뜨린다. 글도 마찬가지다. 여러분이 좋은 소재로 글을 썼다고 하더라도 '옥에 티'가 있으면 전체적으로 악영향을 준다. 불청객은 '사족'이다. 사족이란 필요 없는 말을 붙여서 일을 그르치게 만든다는 말이다. 없어도 되는 문장을 붙임으로써 글 전체에 악영향을 주는 문장이 자기소개서 사족이다. 여러분이 사무 역량이 뛰어나다는 주제로 자기소개서를 쓴다고 가정해보자. 그 후에는 주장을 뒷받침할 만한 사례를 써야 하는데 갑자기 마케팅 역량이 뛰어나다고 한두 문장 쓴다. 이에 더해 사무 역량 사례를 쓴다면 마케팅 관련 내용이 사족이다.

생각보다 이와 같은 실수를 하는 사람이 많다. 이유는 빈칸을 채우기 위해서다. 글자 수 1,000자 채우는 건 생각보다 어렵다. 평소에 글을 쓰던 사람이 아니면 빈칸 채우기 자체가 문제다. 사족을 쓰는 이유다. 굳이 없어도 되는 말을 쓰면서 글 통일성을 죽인다. 글을 늘리려면 해당 내용을 좀 더 심층적으로 쓰면 된다고 앞에서 설명했다. '마케팅 관련 수업을 통해 마케팅 역량을 키웠습니다'라는 문장은 '마케팅 관련 수업을 통해 마케팅 역량을 키웠습니다. 가장 기억에 남는 건 빅데이터와 데이터 마케팅입니다'로 늘릴 수 있다. 그 후 수업 관련 내용을 좀 더 상세히 쓰면 글이 자연스레 길어진다. 반죽을 늘리려면 새로운 반죽을 덧붙일 필요는 없다. 같은 재료라도 누르면 넓어진다.

마지막으로 기억해야 할 사항은 문장 끝은 자석이라는 점이다. N극과 S극이 서로 당기듯이 문단과 문단 끝은 서로를 당겨야 한다. 필자는 이를 '자석 글쓰기'라고 쓴다. 문단을 살펴보면 첫 문장으로 시작한 후 마지막 문장으로 끝을 맺는다. 문장이 끝난 이후에는 새로운 문단이 시작된다. 새로운 문단 첫 문장은 이전 문단 끝 문장과 내용상으로 붙어 있어야 한다. 하지만 이전 문단 첫 문장과는 서로 미뤄낼 정도로 다른 내용을 적어야 한다. 같은 내용이라면 중복되는 문단이기 때문이다.

문단 사이를 한 칸 띄면 직사각형 모양으로 변한다. 그 문단을 자석이라고 생각하자. 자기소개서를 모두 다 쓴 후 자석과 자석 끝이 이어지는지를 확인해보자. 그 끝이 서로를 미뤄낸다면 그건 글에 통일성이 떨어진다는 뜻이다. 글쓰기가 어려운 이유가 한 가지 주제로 설득력 있는 글을 쓰기 어렵기 때문이다. 김치찌개 전문점에서는 김치찌개만을 판매하듯 여러분도 전문적인 글을 쓰려면 한 가지 주제로 글을 써야 한다. 그 비결은 자석 글쓰기에 있다. 문단끼리 자기력만 강하게 유지해도 완성도 높은 글이 나오는 만큼 반드시 신경 쓰자. 그 문단이 모여 커다란 자석으로 변하고 인사담당자의 마음을 끌어온다.

안 보면 후회할 글쓰기 비법

글쓰기 비법을 알아보기 전에 다음 글을 먼저 읽어보자. 1915년 3월 12일. 대구 옻골 마을에서 역사적인 인물이 태어난다. 그의 이름은 김동진. 출생 당시 몸무게가 4kg을 넘을 정도로 우량아다. 그는 어린 시절부터 수박을 한 손으로 두 동강 냈다. 마을 사람들은 그가 과거에 태어났으면 훌륭한 장수가 됐을 거라는 말을 하며 칭송했다. 그를 유명하게 한 사건은 마을에 침입한 불량배를 무찌른 일이다. 불량 조직원 5명이 동네 주민을 괴롭히는 모습을 본 김동진은 조직 우두머리를 직접 찾아간다. 당시 조직원 50명과 함께 있던 두목은 그에게 제안한다. "나와 싸워서 이기면 우리 조직을 당신에게 넘기겠소." 그는 승낙하고 두목과 승부를 겨룬다. 한 시간이 넘는 싸움 끝에 김동진이 두목을 쓰러뜨린다.

김동진은 약속대로 조직을 물려받고 해당 조직원에게 마을을 지키라고 시킨다. 그러던 중 6·25전쟁이 터진다. 마을 주민들은 북한군을 피해 남쪽으로 피신을 가지만 김동진은 마을을 지키기 위해 조직원과 남는다. 마을 안에는 거동이 불편한 노인들만 남아 있었다. 김동진은 자기 추억이 담긴 마을을 파괴되도록 내버려 둘 수 없었다. 당시 조직원은 200명까지 늘어난 상황이었고, 그들 모두 김동진을 따르기로 결심한다. 급한 대로 무기를 구한 후 부대를 꾸리기 시작한다. 마을 입구에는 각종 지뢰를 설치하고, 기관총을 배치하며 북한군과 전투를 대비했다. 식량도 1년 정도 모든 구성원이 먹을 정도로 비축해뒀다. 이제 북한군과 싸움만 남았다.

북한군은 점점 더 남쪽으로 전진했다. 결국, 김동진 부대가 위치한 마을에 도착한다. 첫 전투는 예상치 못한 상황 속에서 발생했다. 모두가 잠든 새벽에 북한군 100명 정도가 마을 쪽으로 접근했고, 지뢰 터지는 소리에 김동진 부대는 전투 준비를 했다. 급작스러운 공격에 당황한 북한군은 퇴각을 시도하지만, 그들을 추격해 모두 섬멸한다. 이 소식을 접한 북한군은 유명한 장군 리진성을 보내 그들을 소탕하려 한다. 리진성은 전투 경험이 많은 만큼 전략적으로 마을에 접근한다. 마을로 통하는 숨겨진 길을 발견한 북한군은 그쪽을 통해 급습한다.

하지만 김동진 부대는 이미 전투태세를 갖춘 상황이었다. 치열한 전투가 발생하고 양측 모두 사상자가 발생했다. 생각보다 전투가 길어졌다. 김동진 부대는 뛰어난 전술로 북한군 1,000명 이상을 제거한다. 리진성은 김동진의 투기를 인정하고 그에게 한 가지 제안을 한다. 그와 싸워서 김동진이 이기면 리진성 부대는 조용히 퇴각하겠다고 전했다. 김동진은 그의 대결을 받아들이고 양측 군인이 지켜보는 상황 속에서 대결을 시작했다. 김동진은 주먹 하나는 자신 있었기에 당연히 그의 승리라고 생각했다.

기대와 달리 리진성은 노련함을 바탕으로 김동진을 몰아붙였다. 김동진이 계속 주먹을 날리지만 단 한 번도 리진성을 맞추지 못했다. 단 한 방만 제대로 맞아도 리진성을 전투 불가 상태로 만들 정도로 위력적이었지만 정확도가 떨어졌다. "그렇게 무식하게 싸우면 절대 못 이길 거야"라고 도발하며 리진성은 기회를 노렸다. 리진성은 피하기만 하며 기회를 노렸다. 김동진의 턱이 비는 것을 확인한 리진성은 온 힘을 다해 주먹을 날린다.

'틱!' 주먹 끝에 옷깃이 느껴지자 리진성은 자기 패배를 직감한다. 김동진은 그의 주먹을 피한 뒤 바로 카운터를 날린다. "와! 김동진 만세!" 결국 김동진의 승리로 끝난다. 리진성은 김동진과 약속을 지켜 퇴각하고, 패배에 대한 책임으로 총살을 당한다. 그 후에도 김동진 부대는 괴력을 보이며 마을을 오랜 기간 사수한다. 아직도 옻골 마을에 가면 김동진과 그의 부대원 사진이 걸려 있다. 그는 죽기 직전까지 마을을 지켰다고 한다.

이 스토리를 듣고 어떤 감정이 느껴지는가? 지금 김동진을 네이버에 검색해보라. 관련 정보가 나오지 않을 거다. 이유는 이 스토리는 모두 거짓이기 때문이다. 여러분은 필자가 거짓이라고 말하기 전까지는 해당 이야기를 믿었을 거다. 역사적 배경을 바탕으로 구체적으로 설명했기 때문이다. 김동진이라는 인물은 필자가 방금 만든 소설 속 인물이고, 리진성도 존재하지 않는다. 옻골 마을만 실존할 뿐이다.

이처럼 구체적인 팩트는 거짓도 진실로 만드는 힘이 있다. 해당 사례를 길게 쓴 이유는 여러분에게 팩트의 중요성을 보여주기 위해서다. '글로벌 역량이 뛰어납니다'라고 말하기보다 '10개 이상의 국가를 탐방하며 국가별 차이점을 배웠습니다'와 같이 구체적으로 써야 한다. 글자 수 제한이 있는데 어떻게 상세히 쓰냐고 반문하는 사람도 있을 거다. 한 가지 사례만 쓰면 된다. 뛰어난 이야기 하나면 인사담당자 마음을 움직일 수 있다.

또 하나 주목해야 할 점은 김동진이라는 사람이 평범한 사람이 아니라는 사실이다. 여러분도 자신을 평범하다고 생각할 수 있지만 각자 차별성이 있는 존재다. 남들보다 잘하는 분야가 하나라도 있을 거다. 최근에 인기가 급상승한 전기라는 유튜버 역시 스펙으로만 평가하면 최악이지만 재미있게 말하는 능력만으로 구독자 수 100만 명을 달성했다. 여러분도 차별성을 찾은 후 그걸 보여주는 스토리를 작성하자. 구체성과 특이성이 여러분의 글을 명품으로 만든다.

인사담당자에게 선택받는
자기소개서의 비밀

어색하게 꾸미면 망한다. 여러분이 쓰는 자기소개서는 말 그대로 자기 자신을 소개하는 글이다. 왜 내가 이 기업에 적합한지 논리와 감성을 동원해 설득해야 한다. 근데 컨설팅하는 사람들의 글을 보면 너무 뻣뻣하다. 어색한 선 자리에 나온 부모님처럼 글이 굳어 있다. 글로벌 역량이 뛰어나다거나 시장 1위로 도약시키겠다는 말은 "시간 날 때 한번 보자"라고 말하는 무의미한 말과 같다. 좀 더 솔직해지자. 자신을 분석하고, 특별한 스토리를 찾자. 글을 말랑하게 하려면 여러분의 이야기라는 기름을 타야 한다.

하나만 존재해야 특별하다. 인사담당자는 여러분의 이야기를 듣고 싶어 한다. 자신에게는 평범하다고 생각하는 이야기가 주변 사람들의 관심을 끈다. 좋은 스토리의 조건은 교훈이 있거나 결과가 좋아야 한다는 점이다. 반드시 좋은 성과를 창출하지 않아도 되지만 전하고자 하는 메시지는 있어야 한다. 어떤 사건을 통해 스스로 배운 점이 있어야 한다. 친구랑 밥을 맛있게 먹은 이야기나 회사에서 단순히 서류 정리한 일은 좋은 스토리라고 볼 수 없다. 그런 건 일기장에 쓰자. 좋은 스토리 예시를 살펴보겠다.

필자는 29살에 아파트를 샀다. 그냥 아파트가 아니라 서울에 있는 아파트다. 보통 사람들은 30대 중반이 넘어서도 사기 힘든 물건을 구매했다. 역세권이기도 하다. 역까지 걸어서 10분 내로 간다. 입지 좋은 곳에서 행복하게 아이와 살고 있다. 그럼 여기서 호기심이 생길 거다. 어떻게 구매했는지 궁금해하고, 빨리 그 비결을 듣고 싶어 한다. 사실 비법은 간단하다. 돈을 많이 벌고, 잘 모으면 된다. 단순한 이치다. 근데 그 답을 포장해서 재테크를 잘했다는 식으로 글을 풀어나간다면 사람들에게 인기를 끈다. 베스트셀러가 되기 참 쉽다.

이처럼 좋은 이야기에는 성과가 있다. 이 스토리에서 성과는 '서울 아파트 구매'다. 단순히 지방에 있는 빌라라고 했다면 관심을 갖는 사람이 소수일 거다. 가시적인 성과가 있어야 관심을 낚기 쉽다. 여러분도 지금까지 해온 성과 중에 특이한 걸 찾아보자. 게임

대회에 나가 1위를 했다거나 군대 장교로 활동을 한 것처럼 평균에서 벗어난 일이면 좋다. 부담감을 가지지는 말자. 글은 어떻게 포장하느냐가 더 중요하다. 감자 칩은 실제 양은 얼마 되지 않지만, 봉지 때문에 굉장히 양이 많아 보인다. 포장지의 디자인에 끌려 구매하는 사람도 있다. 이처럼 약간의 콘텐츠만 있다면 지나가는 관심을 붙잡는 건 어렵지 않다.

성과가 부족해도 걱정하지 말자. 교훈을 쓰면 된다. 교훈을 얻을 수 있는 일은 많다. 공모전 실패 경험, 어떤 일에 몰입한 경험, 새로운 걸 배운 일처럼 무언가에 '도전'했던 경험을 찾아보자. 여러분이 지금까지 살아왔다면 최소한 한 번은 무언가를 시도해봤을 거다. 대학 생활 이후 학과 공부, 대외활동, 취미, 특기, 봉사활동 중 하나라도 도전한 경험이 없다면 자기소개서를 덮고 경험부터 만들자. 기업은 자선 단체가 아니다. 경쟁력 있는 인재를 뽑고 싶어 한다. 그런 상황에서 성의 없게 쓴 자기소개서는 탈락할 확률이 100%다. 필자도 사람을 채용해봐서 안다.

받는 사람에게는 연봉 3,000만 원이 적을지 몰라도 주는 사람은 다르게 느낀다. 작은 기업일수록 그렇다. 3,000만 원이라는 기회비용을 포기하면서까지 채용해야 할 이유가 있어야 한다. 평범한 사람을 고용하는 것보다 외주를 주는 게 더 좋은 결과를 만든다. 요즘엔 프로젝트별로 전문가를 구하기 쉬워서 그 방안이 더 효율적이다. 그런데도 사람을 채용하는 건 장기간 같은 곳을 보고 달려갈 인원을 뽑기 위해서다. 마음가짐부터가 달라야 한다.

문제는 잘못된 정보다. 스타트업이나 중소기업은 스펙이 중요하지 않다는 오해가 대표적인 사례다. 작은 기업일수록 오히려 그런 부분을 더 많이 본다. 이유는 한 사람의 능력이 조직 성장을 결정할 정도로 중요하기 때문이다. 일반 사람 10명보다 능력자 1명이 더 큰 힘을 발휘하는 조직이다. 연봉은 대기업보다 낮지만, 성장 가능성을 보고 합류한다. 회사에 자신을 투자하는 것과 같다. 그런데 엑셀도 못하고, 자격증도 없는 사람을 뽑을 거 같은가? 역지사지 자세로 생각해보자. 본인이 사장이라면 자신을 뽑고 싶은지 생각해보자.

사실 취업은 경험 싸움이라고 보면 된다. 얼마나 경험을 차별화되게 만드는지가 중요하다. 같은 대외 활동을 해도 다른 방식으로 글을 쓸 수 있다. 기자단 활동을 예시로 들면 A라는 사람은 타인과 협업하는 능력을 키웠다고 쓸 수 있고, B라는 대학생은 글쓰기 역량이 증가했다고 말할 수 있다. 좀 더 똑똑한 사람은 홍보직에 지원하며 기자단에서 자신이 창출한 성과와 배운 점을 동시에 쓰며 흥미를 끌 수도 있다. 이처럼 한 가지 경험에서 다양한 생각과 결과가 나온다. 여러분이 지금 해야 할 건 경험을 나열하는 것이다. 그 후 세 가지만 뽑아보자.

성격 장점 문항을 작성한다면 자기 강점이 어떤 건지 한 문장으로 쓰자. 그 후 관련된 사례를 3개 기술하자. 사례를 썼다면 그 옆에 교훈, 결과라는 항목을 만들어보자. 만약 기자단이라면 마인드맵 형식으로 협업하는 법 습득, 우수단원 선정이라고 작성할 수 있다. 그럼 총 6개의 가지가 나올 거다. 그 항목들을 보며 가장 매력 있는 사항에 동그라미를 그리자. 자신이 선택한 교훈과 성과가 각자 다른 사례에서 나왔다면 스토리의 차별성을 살펴보자. 가능한 한 직무 역량을 보여줄 수 있는 사례를 선택해야 한다.

생각만 해서는 답을 정할 수 없다. 손으로 직접 그리고, 도표를 만드는 습관을 지니자. 시각적으로 표현해야 흐름을 파악할 수 있다. 이런 작업 없이 글을 쓰는 건 설계도 없이 건물을 짓는 것과 같다. 기반이 약해 금방 무너진다. 잘 쓴 자기소개서를 살펴보면 논리가 명확하다. 명확한 논리는 모두 계획에서 나온다. 감에 의존해서 쓰지 말고 직접 설계해보는 습관을 지니자. 지금 투자한 10분이 자기소개서 당락을 가른다. 한 문장으로 작성할 수 없다면 여러분의 생각을 먼저 정리해야 한다. 그래야 합격한다.

WE ARE HIRING

WE ARE HIRING |

| 3장 |

취업 치트키,
SLT 기법

WE ARE HIRING |

SLT 글쓰기만 알아도
취업이 쉬워진다

SLT 글쓰기는 Story(스토리텔링)과 Logic(논리)을 합쳐서 템플릿으로 만든 방식이다. 합격 자기소개서를 쓰려면 스토리와 논리 모두가 중요하다는 사실은 계속 강조해왔다. 이번 장에서는 스토리와 논리를 좀 더 심층적으로 알아보는 시간을 가지겠다. 스토리는 인사담당자가 자기소개서에 집중하게 만드는 장치다. 이야기가 없는 자기소개서는 사전이다. 사전을 읽고 흥미를 느끼는 건 극소수다. 스토리텔링의 핵심인 인물, 사건, 행동에 신경 써야 한다. 사례를 기술할 땐 세 가지가 모두 있는지 확인해야 한다. 인물은 여러분자신이다. 자기 자신이라고 해도 여러 가지 면모 중 어느 모습을 보여줄지 생각해야 한다. 인간은 복잡한 존재다. 하지만 그 복잡함을자기소개서에 그대로 보여주면 탈락한다. 전체 주제를 선정해야 하는 이유다. 내 어떤 모습을 인사담당자에게 보여줄지 생각한 후 그에 맞춰 작성해야 한다. 〈지킬 박사와 하이드〉와 같은 스토리가 나오지 않으려면 미리 기획하자.

　여러분이 처음 누군가를 만난다고 해보자. 그때 자기 모습이 집에 있을 때 모습과 유사한가? 전혀 다른 모습일 확률이 높다. 다른 모습을 보이는 이유는 좋은 이미지를 형성하기 위함이다. 자기소개서도 마찬가지다. 여러분 자신을 꾸밀 필요가 있다. 어떤 모습으로 꾸며야 할지 고민된다면 일반적인 내용에서 우선 고민해보자. 열정, 근성, 도전, 창의성은 흔하면서도 모든 기업이 선호하는 가치다. 이 중 하나를 일단 선정한 후 관련 사례를 나열하자. 스토리텔링 핵심은 소재다. 길게 모든 이야기를 쓰라는 말이 아니다. 관련 사례를 생각해보고 한 문장으로 정리하자. '공모전에서 금상을 수상한 일'처럼 간단하게 정리한 후 비교해보자. 만약 열정을 자신이 선택했다면 성격 장단점 역시 열정과 관련된 내용으로 써야 하고, 나머지 문항 사례도 열정을 드러낸 일화를 제시하는 게 적절하다. 열정을 이야기하다가 창의성을 말하면 통일성에 문제가 생긴다. 여러분은 지킬 박사가 아니다.

　자신이 어떤 모습으로 이야기에 등장할지 정했다면 사례를 결정해야 한다. 사례는 성과도 중요하지만, 자신이 어떤 '행동'을 했는지가 핵심이다. 행동이 중요한 이유는 아무리 화려한 스토리라도 자신이 한 일이 아니라면 큰 의미가 없기 때문이다. 여러분이 팀 공모전에 참여했는데 한 업무가 단순히 자료 조사뿐이고, 다른 팀원이 뛰어나서 입상했다면 해당 스토리는 쓰지 않는 걸 추천한다. 아르바이트했더라도 자신이 주도적으로 한 일이면 훌륭한 스토리가 될 수 있다. 가게 메뉴판 구성을 다르게 해서 매출을 증가시킨 일화는 마케팅 부서에 흥미를 끌 수 있다. 봉사활동에서도 새로운 방식을 이용해서 사람들과 교류하고 마음을 얻었다면 그 사례를 쓰자. 결과보다 행동이 중요한 이유다.

사례를 정했다면 사건을 고려해야 한다. 사건은 조미료 같은 역할을 한다. 모든 스토리에는 '갈등'이 존재한다. 이야기 자체가 욕망을 성취하기 위한 과정을 그려내는 것이기에 반드시 필요하다. 갈등은 내적 갈등과 외적 갈등으로 나뉜다. 이때 말하는 내적, 외적 갈등은 소설에서 말하는 경우와 약간 차이가 있고, 자기소개서에 적용하기 위해 필자가 고안한 개념이다. 내적 갈등은 스스로 무언가를 이루기 위해 겪는 고통이다. 인내심, 끈기, 윤리의식이 이에 해당한다. 조직 내부 규율을 어기면 안 되는 걸 알면서도 상황에 따라 지키기 어려운 경우가 발생한다. 이때 규율을 지킬지, 효율성을 중요시할지 고민하는 것 자체가 내적 갈등이다. 이렇게 스스로 고민하는 과정을 그려내는 것도 좋은 스토리텔링이라고 볼 수 있다.

외적 갈등은 외부 요소가 자신에게 직접적인 영향을 미친 경우를 말한다. 대외 활동, 인턴, 조별 과제, 아르바이트 등 상황이 개인의 상황에 관여한다. 공모전을 예시로 살펴보자. 공모전에서 자신이 성취하고 싶은 결과물은 입상이다. 입상해야 하는데 뛰어난 경쟁자, 예측 불가능한 심사위원이 위험 요인으로 작용한다. 이처럼 자기 내부적인 요인을 극복하고도 해결이 불가능한 경우를 외적 갈등이라고 한다. 인턴도 마찬가지다. 여러분이 아무리 뛰어나도 어떤 상사와 무슨 업무를 할지 모르기 때문에 어려움을 겪는다. 예측 불가능한 상황이 자신을 괴롭히는 상황 자체가 스토리다. 이와 같은 갈등 요인이 없으면 이야기는 죽는다. 죽은 스토리란 아무도 읽지 않는 글을 말한다. 서점에 많은 책이 있어도 여러분의 관심을 끄는 책은 소수인 것과 마찬가지다. 재미있어야 뽑힌다.

사건이 발생하고, 이를 해결해나가는 과정이 스토리텔링이다. 아리스토텔레스 시학을 살펴보면 그 의미를 명확하게 알 수 있다.

모든 비극(극적인 이야기)은 갈등과 해결을 가지고 있다. 오프닝 신 이전의 사건들...(중략)...드라마의 사건들이 갈등을 구성하고, 갈등 이후의 사건들이 해결을 구성한다. 나는 이야기의 시작에서부터 주인공의 운명이 바뀌는 지점까지를 갈등이라고 생각하고, 주인공의 운명이 뒤바뀐 이후부터 결말까지를 해결이라고 생각한다.   – 아리스토텔레스 <시학> 18장 中 –

주인공 운명이 바뀐다는 말을 심각하게 생각할 필요는 없다. 자기소개서 안에서는 운명을 '상황'이라는 말로 바꿀 수 있다. 여러분이 평화롭게 살고 있다가 내부 또는 외부 요인에 있어 삶에 파장이 생긴다. 그건 상황이 바뀐다는 말과 같다. 상황이 바뀐 상태에서 균형을 찾아가기 위한 노력을 보여준다면 훌륭한 이야기가 탄생한다. 스토리텔링은 어렵지 않다. 사례 찾기가 어려울 뿐이다. 인물, 사건, 행동에 더해 진솔함까지 더해진다면 최상의 자기소개서를 작성할 수 있을 거다.

논리는 두 가지만 알면 끝난다

논리는 귀납과 연역이 끝이다. 그 이상도 이하도 없다. 논리적이지 못하다는 말은 대부분 둘 중 하나가 부족하다는 소리다. 지인 중에 본인 스스로가 논리력이 뛰어나다고 믿는 사람이 있었다. 그 이유는 단순했다. 말마다 '왜냐하면'을 붙이고 '첫째, 둘째'를 말하며 근거 자료를 제시했기 때문이다. 실제 연구 결과를 살펴보면 '왜냐하면'이라는 단어만 써도 사람들을 설득하기 쉽다는 자료가 있긴 하다. 그런 단순한 방법을 논하기보단 진짜 그가 논리적인지 살펴보자. 실제 대화한 내용을 바탕으로 구성했다.

"독서에 대해 어떻게 생각해?" 가볍게 물었다.

"독서? 나는 독서가 필요하지 않다고 생각해. 왜냐하면 나는 책을 읽지 않았는데 사는 데 전혀 지장 없어. 좀 더 자세히 설명해줄게. 첫째, 운동을 잘해. 달리기는 반대표로 뽑힐 정도야. 둘째, 수학도 잘해. 수학은 어려운 과목인데 내가 잘한다는 건 학습 능력이 뛰어나다는 뜻이지. 이처럼 다양한 영역에서 좋은 성과를 보이는 만큼 독서가 없어도 잘 살 수 있어." 그는 확신에 차서 말했다.

"독서와 운동의 상관관계는 뭘까? 그럼 수학은? 단순히 수학과 운동을 잘한다고 해서 독서가 필요 없다고 말할 수 있을까?"

"…."

이 사례를 살펴보면 지인은 논리적인 형식에 맞춰 말했다고 볼 수 있다. 무작정 우기는 것이 아니라 관련 근거를 제시했기 때문이다. 문제는 내용이다. 주장과 근거는 관련이 있어야 한다. 무작정 가져다 붙인다고 해서 설득력이 높아지는 건 아니다. 논리력 싸움은 얼마나 적절한 근거 자료를 고안하는지 대결이라고 봐도 무방할 정도로 중요하다. 이처럼 사례를 통해 자기주장이 타당하다고 입증하는 방식이 '귀납적 추론'이다. 귀납적 추론을 하기 위해선 주장과 근거로 나눈 후 근거 문장을 최소 세 개는 작성해야 한다. 독서가 필요하다고 주장했다면 '사고력에 영향을 미친다', '심층적인 지식을 얻을 수 있다', '논리력 향상에 도움을 준다'와 같이 작성한 후 이중 선택하면 된다.

근거는 사례가 있는 내용을 택한다. 이 예시에서 '사고력에 영향을 미친다'라는 근거를 채택했다면 증명할 수 있는 일화가 있어야 한다. 자기소개서가 아니라면 연구 자료를 쓰는 방안이 설득력이 가장 높다. 논문 자료나 연구 결과를 통해 증명한 내용은 반박할 여지가 희박하기 때문이다. 자기소개서에서는 해당 내용을 쓰지 말아야 한다. 이유는 글자 수가 제한되어 있기 때문이다. 보고 자료나 책의 경우에 적합한 근거 자료다. 자기소개서는 자기 이야기를 써달라는 암묵적인 요구와 정해진 분량이 있기에 연구나 논문 자료 사용을 지양하자. 그 부분을 자기 일화로 채워야 한다.

귀납이 사례를 통해 주장을 증명하는 방법이라면 연역은 이미 알고 있는 원리나 일반적인 사실을 바탕으로 새로운 결론을 도출하는 방식이다. 'A는 B다. B는 C다. 그럼으로 A는 C다'가 가장 대표적인 사례다. 자기소개서에 도입해보자.

주장 1. 컴퓨터 활용 역량이 뛰어나면 행정 직원으로 적합하다.
주장 2. 나는 컴퓨터 활용 역량이 뛰어나다.
새로운 주장. 따라서 나는 행정 직원으로 적합하다.

이 사례에서 볼 수 있듯이 연역은 논리만으로 봤을 때 반박이 불가능할 정도로 완벽하다. 일반적인 원리에서 새로운 사실을 이끄는 연역 추론은 자기소개서 작성 시에도 큰 힘을 발휘한다. 주의해야 할 점은 주장의 타당성이다. 컴퓨터 활용 역량이 뛰어나서 행정 직원으로 적합하다는 부분 자체에 오류가 있다면 이를 바탕으로 도출한 결론도 잘못된 걸로 판명된다. 전제가 중요한 이유다. 원리라는 단어에서 알 수 있듯이 일반적으로 타당한 문장을 사용해야 한다. 그런 의미에서 앞의 내용은 논란의 여지가 있다. 단순히 컴퓨터 활용 역량만으로 행정 직원 적합도를 판명하기 어렵기 때문이다.

좀 더 적합한 사례는 다음과 같다. '세 가지 조건을 충족한 사람은 마케터로 적합하다', '나는 세 가지 조건을 모두 충족했다', '나는 마케터로 적합하다'가 좀 더 설득력 있다. 이때 말한 세 가지 조건이 어떤 건지에 따라 달라지겠지만 해당 문장이 타당하다면 강력한 설득력을 지닌다. 해당 방식을 자주 쓰지 않는 이유는 실제로 사용하기 어렵기 때문이다. 연역이라는 개념 자체를 모르고 있는 사람도 많고, 알더라도 사용하기 힘든 방법이다. 어려운 만큼 파워도 강력하다. 포기하지 말고 연역적 추론으로 사고하는 방식을 키우자. 훈련 방법은 간단하다. 뉴스를 보며 소재를 정한 후 해당 내용을 바탕으로 자신만의 주장을 만들어보면 된다. 필자가 정리한 방법처럼 세 문장으로 정리한 후 논리적인 타당성을 확인해보자. 노력한 만큼 합격률도 올라간다.

SLT 기법이 취업률을
높여줄 수밖에 없는 이유

사람을 설득하는 데 필요한 3요소는 '파토스, 로고스, 에토스'라고 했다. SLT 글쓰기 기법은 세 가지 모두를 충족시키는 방식이다. 파토스는 스토리다. 자기소개서에서 스토리가 중요한 이유는 지루한 자기소개서에 생명을 불어넣기 때문이다. 재미없는 글은 읽히지 않는다는 단순한 진리를 무시하지 말자. 현대인은 영상에 익숙하다. 여러분이 약속 장소에 방문할 때 차 안에서 무엇을 보는가? 자기 전에 마지막으로 보는 건 어떤 건가? 스마트폰일 확률이 높다. 그런 상황 속에서 소설책을 본다고 생각해보자. 소설책을 반도 읽기 전에 다시 스마트폰에 손이 갈 거다. 전문 작가가 쓴 글도 외면받는 상황 속에서 자기소개서를 읽는 인사담당자 상황을 생각해보자. 빨리 상황을 벗어나고 싶을 정도로 지루함을 느낄 거다.

인사담당자가 여러분의 글을 정성껏 읽을 거라는 착각은 버리자. 자신도 책을 읽지 않는 상황에서 인사담당자가 재미없는 글을 끝까지 볼 확률은 희박하다. 지루하면 떨어진다. 담당자를 배려하는 글쓰기 방식이 스토리텔링이다. 수많은 지루한 글 중에서 흥미로운 글을 찾는다면 그 지원자에 대한 호감이 증가할 거다. 밋밋한 반찬만 먹다가 소고기를 제공한다면 높은 점수를 받을 수 있다. 자신은 작가가 아니라고 걱정하는 사람이 있을 거다. 평범한 글을 쓰기도 어려운데 어떻게 재미있는 글을 쓰냐고 반박한다. 걱정하지 말자. 필자가 제공하는 템플릿만 그대로 적용한다면 여러분도 흥미로운 이야기를 들려줄 수 있다. 스토리텔링은 재능이 아닌 기술의 영역임을 잊지 말자.

재미만 있다고 뽑히진 않는다. 소설 창작 대회가 아니다. 글에는 논리도 있어야 한다. 스토리에도 논리가 존재한다고 역설하는 사람도 있겠지만 자기소개서에서 말하는 논리와는 차이가 있다. 위와 같이 주장하는 건 수학을 잘하니까 전체 성적이 높다고 말하는 것과 같다. 스토리는 자기소개서의 일부분이지 전부가 아니다. 큰 틀을 정하는 건 자기소개서 논리다. 논리가 중요한 이유는 두 가지다. 첫째, 논리적 사고 역량은 업무 결과를 결정한다. 회사 생활에서는 보고서 작성이 업무 대부분을 차지할 정도로 중요한 역할을 차지한다. 보고서는 논리가 핵심이기에 자기소개서를 통해 지원자의 미래 가치를 판단할 수 있다.

둘째, 의견을 효율적으로 전달할 수 있기 때문이다. 정보를 순서 없이 전달하는 건 가독성에 악영향을 미친다. 그 사람이 아무리 좋은 콘텐츠를 지니고 있더라도 상대방은 이를 알아주지 않는다. 사전을 예시로 살펴보자. 사전은 무논리 정보의 전형적인 사례다. 정보 간 연관성보단 단어 순서에 따라 나열한다. 단순히 자음 또는 모음이 같다는 이유로 함께 묶인다. 사전을 처음부터 끝까지 정독하는 행위는 고문에 가깝다. 자기소개서를 첨삭하다 보면 사전과 같은 자기소개서가 많다. 왜 그 문장이 거기에 있어야 하는지 전혀 이유를 알 수 없는 경우가 흔하다. 또한, 무작정 자신이 하고 싶은 말을 나열하는 때도 있다. 의식의 흐름에 따라 기술하는 경우다. 읽는 사람 입장에서는 이 사람이 무슨 말을 하고 싶은지 궁금증이 남는다. 읽고 나서 남는 내용이 없다면 그건 실패한 글이다.

스토리와 논리가 중요한 건 이제 알았지만 어떻게 활용해야 하는지 막연함을 느낄 수 있다. 논술 공부부터 다시 해야 하는지 걱정하겠지만 그럴 필요는 없다. 크게 두 가지 방식만 알면 끝이다. 본질은 단순하다. 해당 방식을 익힌 후에는 자기 것으로 만들기 위해 연습만 하면 된다. 머리로만 알면 실전에서 쓰지 못한다. 수영 동영상을 아무리 많이 봐도 직접 한번 해보는 것만 못하다. 무작정 연습하는 것도 잘못된 방식이다. 잘못된 자세로 운동하면 오히려 몸에 악영향을 미치는 원리와 같다. 올바른 방식을 머리로 이해한 후 직접 해보고 내 것으로 만들어야 한다. 먹고 소화하는 건 자연의 이치다. 지식도 마찬가지다.

다음 장부터는 본격적으로 SLT 글쓰기 구현 방식을 설명할 예정이다. 해당 글쓰기 방식이 뛰어난 이유는 자기소개서뿐만 아니라 모든 글쓰기에 적용할 수 있기 때문이다. 자기소개서는 일반 글쓰기와 다르다는 생각을 버리자. 자기소개서 쓰기 자체가 종합 예술이다. 필자가 가장 마지막에 도전한 이유가 여기에 있다. 자기소개서로 인사담당자를 설득하는 기술을 익히는 건 회사 생활에도 큰 도움이 된다. 어느 직무에서 근무하든 상대방을 설득하는 일이 업무의 전부이기 때문이다. 지금 배우는 내용이 단순히 취업을 위해서라는 생각을 버려야 한다. 이것만 알아도 유능하다는 평가를 받을 거다. 자기 가치를 높이기 위해 반드시 배워야 한다.

자기소개서 템플릿만 알아도
취업 고민 끝!

　일반인이 전문가만큼 결과물을 만들 방법이 딱 한 가지 있다. 바로 설명서를 보고 따라 하면 된다. 쉬운 예는 레고다. 레고를 설명서 없이 만드는 건 불가능에 가깝다. 하지만 안내 사항에 따라 제작하다 보면 누구나 좋은 결과물을 만들 수 있다. '설명서가 있으면 좋은 결과를 만들 수 있다'라는 원리에 따라 PPT 템플릿, 글쓰기 템플릿, 각종 요리법 등 세상에는 다양한 안내 문서가 존재한다. 문제는 자기소개서에 적합한 템플릿을 제시한 경우가 드물다는 점이다. 있더라도 실제로 적용하기 어렵다. 추상적인 내용으로 오히려 혼란만 부추긴다. 필자는 이에 문제를 느껴 'SLT 기법'이라는 자기소개서 템플릿을 만들었다. 무조건 템플릿과 같은 방식으로 자기소개서를 작성할 필요는 없지만, 실력이 부족한 초보자라면 해당 양식에 맞춰 작성하자. 그럼 하나씩 살펴보겠다.

1. 논리 템플릿

논리는 크게 귀납과 연역으로 나뉜다고 했다. 귀납적 추론 방식은 사례를 잘 선택해야 한다. 1문단에서는 주장 문장과 근거 자료, 도입부를 작성함으로써 인사담당자의 흥미를 끌어야 한다. 사례는 스토리텔링 방식 구현이 가능한 내용을 쓰도록 한다. 스토리텔링에서는 현재 상황을 변화하는 사건이 있어야 하고, 이를 극복하는 과정을 그려야 한다고 했다. 2문단에서는 앞에 제시한 문제를 해결하는 과정을 그리면 된다. 그 후 해당 사건을 통해 배운 교훈이나 가치, 경험을 통해 얻은 능력이 미칠 기대효과를 기술하면 된다. 사례에 집중한 방식이다.

(1) 귀납적 추론 템플릿
1문단 : 주장 문장+근거 문장+사례 1개
2문단 : 1문단 사례 상세 설명+결론, 교훈, 기대효과

연역 추론은 주장 문장이 핵심이다. 일단 문장 세 개를 작성해 논리 틀을 구성한 후 각 문단 첫 문장으로 배열한다. 여기까지 완벽

하게 작성했다면 그 후는 쉽다. 주제 문장에 대한 상세한 내용을 기술하면 된다. '세 가지 조건을 충족해야 마케터로 적합하다'라는 주장을 확장하려면 조건이 어떤 건지 작성하면 된다. 나머지 주장도 같은 방식으로 기술한 후 귀납적인 사례와 동일하게 결론을 도출하자. 귀납 방식은 타당한 주장을 발견하는 일이 중요한 만큼 사례보다는 결론에 집중해야 한다. 연역적인 추론만 잘해도 취업이 쉬워진다.

(2) 연역적 추론 템플릿

1문단 : 주제 문장1+상세설명

2문단 : 주제 문장2+상세설명

3문단 : 새로운 주장 문장+결론, 교훈, 기대효과

2. 스토리텔링 템플릿

스토리텔링 템플릿은 일화를 쓸 때 적용하자. 일단 '도입, 문제 발생, 절정, 해결책 발견'으로 나눈 후 이야기를 기술하자. 만약 하나라도 채우기 어려운 부분이 있다면 다른 사례를 써야 한다. 문제가 흥미를 결정하는 만큼 긴장감을 형성하는 소재가 좋다. 자신을 극단적인 상황에 처하게 만든 사례를 생각한 후 최악이었던 사례를

쓰자. 그 후 능동적인 행동을 통해 극복함으로써 교훈을 전달할 수 있다. 모든 스토리가 같은 방식을 취한다. 자세한 템플릿은 아래와 같다.

도입부 : 상황 설명

예시 : 과거 한 병동에서 실습할 때 있었던 일입니다. 중환자실에서 근무하며 환자를 간호해야 했습니다.

문제 발생 : 현재 상황을 바꿀 정도로 결정적인 사건 발생

예시 : 그러던 중 생명이 위급한 환자를 담당하게 됐습니다. 해당 환자는 죽을 날만 기다릴 정도로 괴로워했습니다. 제 역할이 생명에 영향을 미치는 만큼 부담감이 컸습니다.

절정 : 문제 상황 악화

예시 : 다양한 해결책을 사용해도 소용이 없었습니다. 환자는 자신을 이제 놓아달라고 애원하며 저를 심적으로 힘들게 했습니다.

해결책 발견 및 결론 : 문제 상황을 해결할 대응책 발견 및 실행

예시 : 포기하지 않으면 극복하지 못 할 일은 없다고 생각했습니다. 매일 환자에게 희망을 줄 만한 이야기를 들려줬고, 근무 시간이 아니더라도 나와서 상태를 확인했습니다. 직접 편지를 써서 이겨낼 수 있

다는 믿음을 줬습니다. 6개월간 하루도 빼놓지 않고 노력한 결과, 환자 상태가 호전됐습니다. 그는 일반 병동으로 이동하며 저에게 감사함을 표하며 눈물을 흘렸습니다. 해당 환자를 통해 마음가짐이 결과를 결정한다는 사실을 배웠습니다.

자유형 자기소개서에서 SLT 글쓰기 – 논리형

자유형 자기소개서는 형식이 정해져 있지 않다. 여러분이 직접 문항 구성부터 해야 한다. 문항 구성 방법부터 어려움을 겪는 경우가 많다. 자율형 자기소개서는 두 가지 형식만 기억하면 된다. 해당 양식을 참고해 작성한다면 큰 어려움 없이 합격할 수 있을 거다. 글자 수도 조정해야 한다. 너무 짧으면 성의가 없어 보이고, 그렇다고 너무 길면 읽다가 지친다. 모든 부분을 전략적으로 고민을 해야 최종 합격이라는 결과를 만들 수 있다. 지금까지 합격률이 가장 높았던 방식인 만큼 해당 양식만을 참고해서 작성하도록 하자.

첫 번째 양식은 논리 강조형이다. 'Why-What-How'순으로 문항을 구성함으로써 상대방을 설득하는 방식이다. 체계적으로 내용을 전달할 수 있다는 장점이 있다. 인사담당자가 자연스레 지원자 의견을 동의하게 함으로써 합격률이 높아진다. 단점은 작성이 어렵다는 점이다. 잘못된 논리를 바탕으로 기술하거나 추상적인 표현을 쓴다면 오히려 합격에 악영향을 미친다. 자기 부족함을 스스로 드러내는 경우가 발생하기도 한다. 이와 같은 이유로 필자가 알려주는 방식에 맞춰 작성하는 습관을 지니자.

Why는 지원동기다. 왜 지원하는지 먼저 밝힘으로써 호감을 사야 한다. 누군가 여러분에게 관심을 가지면 상대방을 긍정적으로 평가하는 원리와 같다. 기업과 직무 지원동기 모두를 언급해야 한다. 첫 문단에서는 기업 지원동기를 밝힌다. 크게 두 가지 측면으로 접근할 수 있다. 기업 가치에 공감을 표하거나 기술 경쟁력에 집중해서 작성하면 된다. 사회봉사를 많이 했다면 자기 가치관은 이타적인 삶을 사는 거라고 기술한 후 기업이 했던 선한 행동을 기술하자. 기술적인 측면으로 접근하려면 기업이 지닌 자원 중 차별화된 부분을 집중적으로 언급해야 한다. 실제로 본인이 제품을 이용해봤으면 더 좋다. 관련 정보는 구글과 네이버 모두에 기업명을 친 후 '뉴스 섹션'을 확인하자. 기사 중 특정 키워드가 반복된다면 해당 내용이 핵심 사업일 가능성이 크다. 두 사이트만 활용해도 수준 높은 내용을 작성할 수 있다.

직무 지원동기는 관련 경험을 적는 게 핵심이다. 영업직무라면 영업 관련 활동을 기술해야 한다. 왜 그 직무에 본인이 적합한지 사례를 바탕으로 설득해야 한다. 해당 직무 역량을 키우기 위해 어떻게 준비해왔고, 어떤 부분에서 기여할 수 있는지를 명확하게 밝혀야 한다. 스펙이 부족해도 합격할 수 있는 이유다. 아무리 토익 점수가 높아도 유관 경험이 없다면 합격하기 어렵다. 이공계의 경우 그런 경향이 더 크다. 인턴이나 공모전, 대외활동 경험을 바탕으로 준비된 인재라는 느낌을 기업에 전달한다면 합격할 가능성이 커진다. 기업 지원동기에서 인사담당자가 여러분의 자기소개서에 흥미를 느끼게 했다면, 직무지원 동기 부분에서는 뽑을 이유를 만들어 줘야 한다. 잘 쓴 경험 하나가 합격을 좌우한다.

What은 자기 경쟁력이다. 어떤 부분에 강점이 있는지 기술하자. 직무 지원동기와 내용이 중복되지 않게 신경 써야 한다. 직무 지원동기에서 능력에 초점을 두고 자기소개서를 작성했다면 경쟁력에서는 자신의 성향에 초점을 두고 기술하자. 직무 능력에서 회계 전문성을 강조한 후 경쟁력에서는 세심한 성격을 언급하면 동시에 두 가지 장점을 어필할 수 있다. 사례는 해당 성격을 잘 보여주는 내용을 전달해야 한다. 주의해야 할 점은 군대 이야기, 고등학교 동아리 이야기, 초등학교 때 있었던 이야기는 적지 않는 걸 추천한다. 남자 지원자는 군대 이야기를 쓰는 경우가 많은데 최악의 소재다. 정보통신병이든 취사병이든 해당 사례는 자기 추억으로만 가지고 있자. 군대 이야기는 남녀노소 모두 피하는 주제다.

마지막으로 How는 입사 후 포부다. 앞에서 자기 능력과 경쟁력을 강조했다면 이제 그걸 바탕으로 지원하는 회사에 어떻게 이바지할 건지 써야 한다. 구체적으로 작성하는 것이 좋다. 본인이 온라인 마케팅 직무로 지원을 한다면 기업 SNS를 분석해보자. SNS 특성과 개선점, 본인이 기여할 수 있는 방향을 작성한다면 합격 확률이 높아진다. 이공계 직무라면 새로운 가치 창출보다 기존 시스템 효율화 방안을 언급하는 방안이 좋다. 해당 문항을 깔끔하게 쓰려면 계획을 세 가지 이하로 작성하도록 하자. 자기소개서 문항을 작성하기 전에 어떤 부분을 기여할 수 있는지 두 문장으로 작성한 후 그 내용을 구체화하자.

업무 계획안을 작성하면 좋지만 신입이나 다른 분야로 이직하는 경우 해당 방식으로 작성할 수 없다. 직무 전문성이 있어야 기업에 어떤 부분을 개선하겠다고 제안할 수 있다. 이 경우 자신이 어떻게 부족한 부분을 채울 건지 강조하고, 직무 전문성이 떨어져도 좋은 성과를 창출할 수 있는 이유를 설명해야 한다. 본인이 온라인 마케팅 직무로 지원하는데 관련 경험이 부족하면 영업 능력을 바탕으로 설득할 수 있다. 세일즈 글쓰기로 매출을 향상한 경험을 설명한 후 썸네일, 블로그 포스팅 등에서 활용 가능하다고 말한다면 오히려 플러스 요인으로 작용할 수 있다. 사실도 중요하지만 그걸 어떻게 배열하는지가 더 중요하다. 직무 경쟁력이 부족한 사람일수록 자기소개서 기획을 잘해야 한다.

다른 능력을 통해 극복 가능하다는 점을 보여줬다면 부족한 부분을 채울 방안도 기술해야 한다. 지피지기면 백전백승이라는 말이 있다. 자기 강점과 약점을 명확히 알고 있는 것도 중요하다. 자신이 지닌 컴퓨터 역량이 부족하다면 구체적으로 어떻게 극복하겠다고 계획을 기술해야 한다. 컴퓨터활용능력 자격증 취득, 온라인 강의 등을 말할 수 있다. 외국어 능력이 부족한 부분은 원어민 전화영어, TOEFL 학습으로 극복할 수 있다. 이처럼 약점을 명확히 기술한 후 대응 방안을 말한다면 좋은 평가를 받을 수 있다. 자신이 부족한 걸 아는 것도 실력이라는 사실을 기억하자.

자유형 자기소개서에서
SLT 글쓰기 - 에토스형

에토스는 화자의 인품이나 도덕성, 진실성 등을 뜻한다. 아리스토텔레스는 이 에토스가 설득에 가장 중요한 역할을 한다고 했다. 자기 성분을 이용해 상대방에게 신뢰를 주는 방법을 말한다. 설득하기 전에 상대방의 신뢰를 얻어야 한다는 사실을 배울 수 있다. 여러분이 건강 문제로 고민하고 있다고 가정해보자. 오랜 시간 학습을 해서 어깨가 결려온다. 목도 뻣뻣하게 굳어서 생활 만족도가 떨어지는 상황이다. 그런 상황 속에서 술자리 약속이 생겨 친구를 만나러 간다. 친구는 새로운 사람을 소개시켜 준다며 나오라고 했다. 몸 상태도 좋지 않아서 나가기 싫었지만, 선약이라 어쩔 수 없이 장소로 이동한다.

술집에 도착해보니 소개시켜 준다는 사람과 이미 술을 마시고 있다. 그 사람은 두꺼운 안경과 유행이 지난 헤어 스타일을 하고 있었다. 몸무게도 80kg은 넘어 보인다. '왜 이런 사람을 소개시켜 주지?' 첫 만남부터 불편함을 느낀다. 같이 대화를 하는데 예상만큼 지루한 대화가 이어진다. 관심도 없는 자전거 이야기만 해서 슬슬 인내심에 한계를 느낀다. 그러던 중 무의식 중에 목을 주무르기 시작한다. "어? 목이 불편하신가 봐요?" 새로 알게된 A씨는 덤덤한 목소리로 말한다. "오, 잘됐다! 이 친구가 한의원 의사인데 한번 물어봐!" 그 후로는 시간이 어떻게 가는지도 모르고 대화를 했다. 그가 하는 말이 다 맞는 말인 거 같다. 친구에게 감사함을 느낀다.

이 사례를 살펴보면 자기소개서의 핵심을 알 수 있다. 주인공은 초반에는 상대방에게 비호감을 갖고 있다. 하지만 그 사람이 전문가라는 사실을 알게 된 이후 누구보다 열심히 대화에 참여한다. 자기가 불편한 부분을 해결해줄 수 있는 사람의 말이기에 주의를 기울인다. 이 상황은 인사담당자가 여러분의 서류를 처음 접했을 때와 같다. 초반에는 상대방을 모르기에 경계심을 갖고 살펴본다. 인간은 본능적으로 손해보는 것을 싫어한다. 그렇기 때문에 그 사람의 장점보다는 단점에 집중해서 서류를 검토한다. 하품하고 있는 인사담당자에게 관심을 끌려면 그들이 원하는 내용을 써야 한다. 자신이 어떤 부분에 전문성을 지니고 있고, 입사 후에 어떻게 기여할지 말해야 하는 이유다.

파토스는 두 가지 관점으로 접근할 수 있다. 전문성과 가치관이다. 신입으로 지원하더라도 자기 전문성을 보여줄 수 있는 방법은 많다. 공모전, 인턴, 자격증이 대표적인 사례다. 대외 활동이나 아르바이트라도 직무 역량과 유관하다면 충분히 사용 가능하다. 문제는 전문성을 보여주기 어려운 경우다. 이때는 자기 내재된 가치를 바탕으로 인사담당자를 설득하면 된다. 상대방 관점에서 생각해보면 이해하기 쉽다. A라는 지원자가 있다. 그 지원자는 영업관리 직무로 입사를 희망한다. 서류를 살펴보니 스펙은 무난하다. 관련 경험은 없지만 TOEIC 800점, 컴퓨터 관련 자격증을 보유하고 있다. 본격적으로 자기소개서 문항을 살펴본다.

성장 과정을 읽는데 눈에 띄는 내용을 발견한다. 그가 중학교때까지는 수학을 30점 맞을 정도로 하지 못했는데 노력 하나로 극복한 사례가 나와 있다. 대학교 때도 사람 앞에서 말하기를 주저했지만 스스로 연습해서 대학축제 사회를 볼 정도로 능력을 향상시켰다. 입사 후에도 포기하지 않는 근성으로 좋은 성과를 창출하겠다고 작성했다. 여기까지 읽으면 인사담당자 대부분은 그를 채용하고 싶을 거다. 이처럼 삶의 가치관과 자세가 설득에 중요한 영향을 미친다. 직무 경험이 전혀 없더라도 합격할 수 있는 이유다. 그럼 지금부터 이와 같은 가치관을 어떻게 인사담당자에게 보여줄 수 있는지 알려주겠다.

에토스형의 핵심은 자기 가치관인 만큼 '성장 과정'이 첫 문항이다. 성장 과정 작성법은 가치관이 핵심이다. 어떤 가치관을 지녔는지가 당락을 결정할 정도로 중요하다. 일단 가치관을 정한 후 거기에 맞는 사례를 정하면 된다. 합격에 유리한 가치관은 끈기, 도전정신, 창의성, 사회성이 있다. 해당 가치관은 어떤 직무에서 사용해도 좋은 평가를 받을 수 있으니 기억하고 사용하자. 가치관을 정한 후에는 작성이 수월하다. 사회성을 선정했다면 두괄식으로 해당 내용을 기술하면 된다. '어느 곳에 있어도 주변 사람들과 좋은 관계를 유지했습니다'라고 말한 후 관련 사례를 시간 흐름에 맞춰 작성하는 것이 좋다.

중요한 건 시간 흐름에 따라 기술해야 한다는 점이다. 성장 과정을 쓸 때 많이 하는 실수 중 하나가 대표적인 사례 하나에만 집중하는 경우다. 성장 '과정'은 말 그대로 흐름을 보여줘야 한다. 그 가치관을 어떻게 강화해 나갔는지 말함으로써 설득력을 높일 수 있다. 주의해야 할 점은 위인전을 쓰지 말아야 한다는 사실이다. 모든 과정을 상세히 쓰면 지루하다. 어떤 부분을 상세히 보여줄 지 정해야 한다. 다만, 대학생 이후 스토리를 기술하는 방안이 적합하다. 너무 오래된 이야기를 상세히 쓴다면 공감하기 어렵다. 가능한 한 최근에 일어난 일을 기술하고, 나머지 사항은 간단히 언급하고 넘기자. 성장 과정은 1,000자 이하로 쓰는 걸 추천한다.

성장 과정 다음에는 성격 장단점을 기술하자. 성격 장단점이 중요한 이유는 자기 강점을 두 가지로 제시할 수 있기 때문이다. 성장 과정을 통해 삶의 가치관을 보여줬다면 성격 장단점 문항에서는 좀 더 직무와 연관된 내용을 기술하는 걸 추천한다. 이타심을 성장 과정에서 기술했다면, 세심한 성격을 강조함으로써 인성과 직무 기본 역량 모두 뛰어난 인재임을 보여줄 수 있다. 두 문항이 반대되는 내용만 아니면 문제 없다. 단점은 극복한 방안을 기술하는 게 중요하다. 또한, 합격에 영향을 미칠 정도로 치명적인 내용은 쓰지 않는 게 좋다. 다혈질, 반사회적, 폭력성 등은 쓰면 바로 탈락한다. 완벽주의적 성격처럼 장점인 거 같으면서도 단점으로 작용하는 내용을 쓰자. 그 후 긍정적으로 변화시킨 내용을 쓴다면 좋은 평가를 받을 수 있다.

마지막 문항은 지원동기 및 입사 후 포부다. 지원동기는 어느 형태에서든 핵심 문항이다. 첫 문단에서는 기업 지원동기를 쓰고, 다음 문단에서 직무 지원동기 및 입사 후 포부를 작성한다. 기업 지원동기는 사실을 기반으로 본인 의견을 제시해야 한다. 어떤 점에 주목할 건지 프레임을 정한 후 거기에 맞춰 사실 정보를 간략히 언급한다면 공감을 얻을 수 있다. 입사 후 포부는 너무 상세히 작성하지 말자. 자신이 SNS 팔로워를 1만 명 이상 모은 경험이 있다면 그걸 중점적으로 언급하고, 해당 능력을 활용해 입사한 회사에서도 팔로워를 빠르게 모으겠다는 형식으로 작성하면 된다. 본인이 직무 전문성이 뛰어나다고 판단하면 입사 후 계획을 구체적으로 작성해도 상관없다. 이럴 경우에는 직무 지원동기를 간략하게 언급해야 한다. 둘 다 길면 다른 문항보다 글자 수가 많아져서 통일성에 악영향을 미친다. 집중도가 떨어진다는 문제도 발생한다. 필자가 말한 방식으로만 작성하면 균형 있는 자기소개서를 만들 수 있다.

지금까지 에토스 강조형 자기소개서 작성법을 알아봤다. 해당 방식은 내재적 가치를 중점적으로 기술하는 만큼 경험이 부족한 지원자에게 적합하다. 인턴 경험자, 중고 신입이 많아진 취업 시장에서 그들을 이기려면 자신만의 차별성을 찾아야 한다. 상대방을 설득하는 데 가장 중요한 요인이 개인의 철학과 성향, 인품인 만큼 잘만 작성하면 서류 합격률을 최소 50% 이상 높일 수 있다. 필자도 실제로 스펙이 부족한 사람을 서류 합격시켜 줄 때 이 방식을 사용했다. 바꿀 수 없는 요인에 집중할 시간에 자기 자신을 좀 더 세밀하게 관찰하자. 다들 보물은 하나씩 속에 품고 있다.

모르면 탈락하는
자기소개서 작성 꿀팁

　작은 차이가 당락을 결정한다. 프로와 아마추어 차이는 세심함에서 나온다. 같은 일을 하더라도 프로가 좀 더 섬세하다. 작가도 마찬가지다. 일반 사람들이 아름다운 풍경이라고 쓰고 넘어갈 때 작가는 구체적으로 어느 부분이 마음을 흔드는지 기술한다. '오늘따라 나뭇잎에 새겨진 지문들이 더 선명하게 보인다'라고 말하는 것이 그 예시다. 작은 요인도 놓치지 않는 그들의 시야가 전문적인 글을 만든다. 이런 차별성을 키우는 방법은 간단하다. '다상, 다독, 다작' 이 세 단어로 정리할 수 있다. 많이 생각하고, 많이 읽고, 많이 쓰면 글쓰기를 잘할 수 있다는 말이다. 이처럼 본질은 단순하지만 마케팅이 세상을 복잡하게 만든다.

자기소개서도 마찬가지다. 본질은 누구나 적용할 수 있을 정도로 단순하고 쉽다. 그 작은 차이가 당락을 결정한다. 필자가 알려주는 방법을 적용만 하면 된다. 손만 있으면 할 수 있는 방법이다. 쉽고 유용한 방법을 알려줘도 사용하지 않는 경우가 대부분이다. 실제 강연장을 살펴보면 아무리 좋은 내용으로 강의를 해도 사람들은 그 당시에만 이해하고, 공감한다. 생각보다 의지력이 약하다. 성공한 사람 이야기를 듣고 자신도 변화된 삶을 살겠다고 다짐해도 3일 후에는 기존과 같은 모습으로 돌아간다. 공부 역시 마찬가지다. 공부법은 전문가 수준으로 알지만, 막상 공부하지 않는다.

이와 같은 현상을 방지하기 위해 적용 방안을 상세히 안내할 예정이다. 물론 알려줘도 안 하는 사람이 많을 거라는 사실을 알고 있다. 그럼에도 방법을 공개하는 건 실천하는 소수의 사람을 위해서다. 다시 한번 말하지만 지금부터 말할 기술은 명료하고 강력하다. 이용 후에는 합격률이 최소 30% 이상 향상될 거다. 이용을 하는 건 여러분의 자유다. 공부를 잘하려면 오랜 시간 앉아 있어야 하고, 영어를 잘하려면 외국인과 대화하면 된다. 건강해지려면 몸에 좋은 음식만 섭취하고 운동해라. 서류 합격률을 높이고 싶다면 다음 세 가지 방법을 실천하자.

Tip 1 색칠하라

첫 번째 조언은 "칠해라"다. 자기소개서는 대부분 워드나 한글 파일로 작성할 거다. 두 프로그램 모두 '형광펜 기능'이 있다. 그걸 활용해서 여러분의 자기소개서를 색칠해야 한다. 색을 입힐 부분은 핵심 키워드다. 핵심 키워드를 노란색으로 표시만 하더라도 기업이 요구하는 사항을 이해할 수 있다. 50%가 넘는 사람들이 자기소개서 질문과 다른 이야기를 한다. 도전 사례를 묻는데 창의력을 말한다. 가장 큰 이유가 질문을 정확하게 이해하지 못했기 때문이다. 반대로 생각하면 질문에 맞는 답변만 해도 합격률이 큰 폭으로 올라간다. 예시를 통해 살펴보자.

[예시]

1. 포스코케미칼에 지원한 이유와 직장인으로서 이루고 싶은 꿈을 서술해주세요.

2. 지원자님께서 생각하는 최고의 팀은 어떤 모습인가요? 어떤 방식으로 일하는 팀을 선호하는지, 지원자님은 어떤 팀원이 되고 싶은지 서술해주세요.

3. 삼성전자를 지원한 이유와 입사 후 회사에서 이루고 싶은 꿈을 기술하십시오.

실제로 필자가 작업할 때 색칠한 부분이다. 이처럼 각 문항 핵심 키워드에 눈에 띄는 색으로 표시를 하자. 실행 방안도 알려주겠다. 자기소개서 작성 전에 키워드를 칠한 후 문항 작성을 시작하자. 한 문단을 다 썼다면 다시 한번 키워드를 확인하고 맞는 방향으로 가고 있는지 확인하자. 올바른 목적지에 도달하기 위해 지도를 수시로 보는 것과 같은 원리다. 문단 작성이 끝날 때마다 키워드를 확인하고, 글을 완성한 후에 최종적으로 살펴보자. 이 정도로 반복해서 확인하면 방향성 때문에 불합격할 일은 없다.

Tip 2 출력하라

두 번째 팁은 "출력하라"다. 컴퓨터 화면과 종이는 차이가 크다. 직접 출력을 해보면 느낌이 다르다. 모니터로 봤을 때 보이지 않았던 실수를 발견하기도 하고, 실질적인 가독성을 확인할 수 있다. 또 다른 장점은 메모를 쉽게 할 수 있다는 점이다. 전문 작가도 여러 차례 퇴고 후에 최종 결과물을 만든다. 아마추어는 더 많은 수정이 필요하다. 컴퓨터로 바로 수정하면 편하지만 기존 내용과 대조하기 어렵다. 종이 출력물은 옆 공간에 메모하며 기존 작성 사항을 확인할 수 있다. 최종 결정할 때 두 가지 내용을 살펴보며 수정하는 게 적합한지 판단할 수 있는 자료가 된다. 이처럼 다양한 장점이 있는 만큼 자기소개서 작성 후에는 반드시 출력해서 확인하자. 뽑아야 보인다.

Tip 3 다음 날 다시 보라

세 번째 팁은 "다음 날 다시 보자"다. 자기소개서 작성 후 바로 확인하면 기존과 같은 시야에서 살펴볼 수밖에 없다. 오탈자 검사 수준에서 끝난다. 초안 완성 후에는 일단 쉬자. 독서를 해도 좋고, 산책해도 좋다. 편하게 휴식을 취한 후 그다음 날 자신이 작성한 자소서를 확인하자. 그럼 좀 더 새로운 시각으로 자기소개서를 검토할 수 있을 거다. 내용이나 흐름, 표현 등 거시적인 관점으로 확인할 수 있다. 주의해서 살펴봐야 할 사항은 중복단어다. 한 단어를 세 번 이상 반복 사용하면 가독성이 떨어지는 만큼 주의해서 확인하자. 이중 확인을 통해 수정을 완료했다면 바로 지원하자. 과하게 많이 보면 오히려 합격에 악영향을 미친다. 방향성을 잃기 때문이다.

지금까지 세 가지 팁을 살펴봤다. "칠하고, 출력하고, 내일 다시 보자"만 기억하면 된다. 키워드를 색칠해야 자기소개서 방향성이 명확해진다. 문항에 맞지 않는 답변을 쓰는 건 불합격 요인이다.

반복적으로 키워드를 확인함으로써 이를 방지할 수 있다. 문서 출력도 중요하다. 디지털 시대에도 종이가 존재하는 이유는 가독성과 메모를 할 수 있다는 점 때문이다. 종이로 자기소개서를 살펴보며 합격률을 높이자. 마지막으로 다음 날 다시 확인해야 한다. 시간을 두고 퇴고하는 방법은 작가들도 사용하는 방법이다. 새로운 관점에서 글을 살펴보며 어색한 부분을 수정하자. 이 세 가지 팁은 쉽지만, 당락을 결정할 정도로 유용하다. 이 책을 읽은 독자는 반드시 활용하자. 아는 것과 실천하는 것은 다르다.

소제목은 이렇게 쓰자

매력적인 소제목이 합격을 결정한다. 온라인 기사를 선택할 때 겪는 과정을 생각해보자. 같은 주제 기사 중에서 실질적으로 클릭하는 건 3개 이하다. 대부분 같은 내용을 담고 있기에 여러 기사를 찾아보진 않는다. 선택 기준은 헤드라인이 얼마나 관심을 끄는지다. 재미없는 기사는 외면받는다. 자기소개서에서 헤드라인은 소제목이다. 첫인상이 중요한 것처럼 초반에 관심을 끌지 못하는 자기소개서는 인사담당자에게 선택받기 어렵다. 실제로 필자가 합격 자기소개서를 분석해보면 소제목부터 차별화된 경우가 많다. 실제로 글이 크게 특별하지 않더라도 첫인상이 좋으면 긍정적으로 평가를 한다.

책을 구매할 때도 실질적인 내용은 특별하지 않은 경우가 대부분이다. 하지만 책 표지를 보고 매력을 느낀 책은 끝까지 좋게 평가한다. 이유는 일관성의 법칙 때문이다. 사람들은 자신이 취한 입장을 끝까지 고수하려는 심리가 있다. 이러한 심리에 따라 자기 행동이나 감정을 결정한다. 아무리 잘못된 결정이라도 긍정적으로 평가하려는 속성을 지닌 이유다. 인사담당자도 마찬가지다. 처음에 자신이 좋다고 판단한 자기소개서에 대해서는 끝까지 좋은 점수를 주려는 성향이 있다. 합격의 당락에 직접적인 영향을 미치는 이유다. 소제목의 중요성을 깨달았다면 이제 어떻게 써야 하는지 살펴보자.

매력적인 소제목을 위한 세 가지 전략이 있다. 첫째, 자기 차별성을 강조하는 방법이다. 인생을 살다 보면 자신만의 특이한 경험을 누구나 한다. 돈을 많이 투자해야 하는 유학이나 해외 경험이 전부는 아니다. 아버지 사업 문제로 집안이 위험에 처했던 경험을 바탕으로 소제목을 쓸 수도 있다. '아버지 사업 실패가 인생에 미친 영향', '아버지 사업 실패에서 성공을 배우다' 등 다양하게 활용 가능하다. 평범한 가정환경에서 자랐더라도 자신을 변화시킨 경험이 한 번은 있을 거다. 운동을 통해 몸을 키운 경험이 있다면 '헬스장에서 인생을 배우다', '운동이 창업 성공을 이끈 이유'와 같이 써보자. 단순한 경험이라도 좋다. 다만, 사전과 사후에 변화가 뚜렷한 내용을 써야 한다.

둘째, 이미 존재하는 매력적인 문구를 자신만의 방식으로 변경하자. 세상에 새로운 지식은 없다고 말할 수 있을 정도로 무에서 유를 창조하기는 어렵다. 완전히 새로운 표현을 만들더라도 시간이 오래 걸린다는 문제가 발생한다. 필자가 사용하는 방식은 명언과 유튜브 활용이다. 명언은 노력이나 창의성 등 자신이 강조하고 싶은 가치 관련한 명언을 구글에서 찾으면 된다. 다양한 명언을 변형해서 활용 방법을 알려주겠다. 다음과 같이 자신만의 표현을 만들어보자.

명언 : 가시에 찔리지 않고는 장미꽃을 모을 수가 없다. - 필 페이
변형 표현 : 고통 없이는 성장할 수 없다.

명언 : 탐구해 찾아질 수 없을 정도로 어려운 문제는 존재하지 않는다. - 티랜티우스
변형 표현 : 노력하지 않으면 못 찾을 정도로 어려운 문제는 없다.

명언 : 말이 입힌 상처는 칼이 입힌 상처보다 깊다. - 모로코 속담
변형 표현 : 경험은 책에 쓰인 지식보다 심오하다.

이 사례와 같이 자신만의 표현을 만들어보는 연습을 하자. 창조

는 유에서 유를 창조하는 활동이다. 여러분의 숨은 창의성을 깨우려면 천재들을 모방해야 한다. 하루에 2개 이상 표현을 만들고, 자기소개서 작성 시 활용한다면 큰 힘을 발휘한다. 필자는 명언 노트를 따로 만들어둔다. 그 안에 다양하게 조립한 문장들을 기재해둔 후 필요에 따라 사용한다. 주제별로 정리해놓는 걸 추천한다. 필요에 따라 바로 활용한다면 자기소개서 작성 속도가 눈에 띄게 빨라질 것이다.

마지막으로 수치를 활용해보자. 수치는 인간을 설득할 때 강한 영향을 미친다. 수술 성공확률 80%와 실패 확률 20%는 다른 느낌을 준다. 같은 사실임에도 어떤 수치를 제시하느냐에 따라 상대방에게 다른 행동을 이끌 수 있다. 소제목에서는 눈길을 끌 정도로 극단적인 수치를 제시해야 한다. '정확도 100% 비결', '매출 증가 120% 비결', '방법을 바꿨을 뿐인데 수익률이 200% 향상했다!'와 같이 작성하면 인사담당자가 관심을 가질 수밖에 없다. 회사구성원으로서 큰 폭으로 수익성을 개선한 방법이 있다면 궁금증을 느낀다. 그들의 호기심을 키울수록 긍정적인 평가를 받을 가능성이 크다.

주의해야 할 점은 방법을 구체적으로 제시해야 한다는 점이다. 수익률 200% 향상 비결이 단순히 소통 증가라고 제시한다면 오히려 부정적인 감정을 불러일으킨다. 낡였다는 생각이 들지 않게 가능한 참신하게 작성해야 한다. 소통 증가라도 내부 소통인지 외부 소통으로 나눈 후 구체적으로 어떤 변화를 줬는지 기술해야 한다. 그 정도 매출이 변하려면 특별한 방법이 필요하다. 특별함은 구체적인 방법에서 나오는 만큼 상세히 기술하자. 자세히 쓸수록 여러분의 자기소개서는 아름다워진다.

경력직 채용 완전 정복

경력직은 신입 직원과 같은 양식으로 자기소개서를 쓰면 불합격한다. 자기소개서와 경력기술서 모두 준비해야 한다. 두 가지 서류를 함께 제출해야 합격률이 높아진다. 자기소개서에 경력기술서 내용을 함께 쓰면 가독성이 떨어진다. 파일 하나에 너무 많은 내용을 담는다면 주제도 불투명해진다. 신문에 비유하면 이해하기 쉽다. 자기소개서는 칼럼, 경력기술서는 스트레이트 기사다. 칼럼은 사실에 기반해서 자기 생각을 더한 글이다. 스트레이트 기사의 경우 사실만을 담백하게 전달한다. 정보 전달을 위한 글이다. 어떤 형식으로 전달할지만 고민하면 된다. 이 두 가지 특성에 유념해서 자기소개서와 경력기술서를 각각 작성해야 한다.

일단 자기소개서를 먼저 생각해보자. 자기소개서는 칼럼이라고 했다. 여러분의 생각을 담아야 한다. '토익 900점, S전자 인턴, 공모전 입상을 했습니다'와 같이 사실만 나열하는 건 설득력이 떨어진다. 중요한 건 그 사실 안에서 여러분이 무엇을 배웠는지 기술하는 것이다. 효율적인 내용 전달을 위해 두 가지 형식으로 자기소개서 문항을 구성할 수 있다. 경력직의 경우 정해진 양식이 있지 않고, 대부분 문항을 스스로 결정해야 하기에 어려움을 겪는 사람이 많다. 필자가 정해주는 두 가지 양식만 선택하면 어떤 기업에 지원하든 합격률이 높을 것이다. 다음과 같은 두 가지만 기억하자.

첫째, 에토스형 자기소개서다. 에토스는 개인의 철학이다. 아리스토텔레스가 주장하듯 에토스는 설득에 가장 강한 영향력을 미친다. 철학은 삶에서 나온다. 자신이 살아온 과정을 보여줘야 한다. 그렇기에 에토스형 자기소개서는 '성장 과정, 자기 장단점, 지원동기 및 입사 후 포부'순으로 구성한다. 자기 스토리를 바탕으로 합격률을 높이는 방식이다. 성장 과정은 '유복한 가정에서 태어나'와 같은 형식적인 이야기를 들으려고 쓰는 문항이 아니다. 어떤 가치관을 지니고 살아왔는지를 보여줘야 한다. 자세한 작성 방식은 다음 장에서 설명하겠다.

성격 장단점에서 핵심은 '단점을 어떻게 극복했는지'다. 어떤 장단점을 써도 상관없지만 너무 평이한 소재는 피하는 게 좋다. 장점을 쓰기 전에 직무를 생각해보자. 해당 직무가 필요로 하는 역량은 어떤 건지 분석해보고, 이에 적합한 장점을 쓰는 방안이 좋다. 그 후에는 연관된 사례를 덧붙이기만 하면 된다. 단점은 합격에 영향을 미칠 정도로 치명적인 사항은 쓰지 말자. 성격이 다혈질이라던가 욕을 많이 한다는 단점은 뽑지 말라는 소리와 같다. 걱정이 많다는 성격과 같이 무난한 단점을 쓰고, 극복 방안을 기술하자.

마지막으로 지원동기 및 입사 후 포부다. 당락을 결정할 정도로 중요하다. 성장 과정, 성격 장단점을 통해 보여준 자신만의 가치관이 어떻게 직업 선택까지 이어졌는지 보여줘야 한다. 뜬금없이 새로운 가치관을 제시하고, 기업 선정 이유라고 말하면 설득력이 떨어진다. 자기소개서 흐름이 중요한 이유다. 입사 후 포부의 경우 경력직은 5년 후, 10년 후처럼 시간을 기준으로 쓰면 안 된다. 기업은 경력직에게 전문성을 원한다. 입사 후에 어떻게 업무를 진행하겠다는 계획을 중심으로 작성하자. 이를 위해선 기업에 대한 심층적인 분석이 필요하다. 앞서 말한 세 가지 분석이 중요한 이유다.

둘째, 논리형이다. 문서 작성 시 필요한 논리는 Why, What, How다. 사람에게 있어서 의식주와 같다. 셋 중 하나라도 부족하면 타당한 주장을 하기 어렵다. 항목은 '지원동기, 자기 경쟁력, 입사 후 포부'로 나눈다. 지원동기는 Why, 자기 경쟁력은 What, 입사 후 포부는 How다. 논리에 필요한 이 세 가지 요소를 모두 갖추면 좀 더 설득력 있는 자기소개서를 작성할 수 있다. 전 직장에서 자신이 이룬 업적이 많거나 경쟁력 있는 기술을 보유한 사람들에게 적합한 유형이다. 지원하는 직무가 기존 직장과 동일한 경우 큰 힘을 발휘한다. 만약 새로운 직무로 이직하는 경우라면 에토스형을 쓰자. 직무와 상관없는 경력을 길게 나열해도 인정받기 어렵다.

자기소개서를 다 썼다면 경력기술서를 작성해야 한다. 경력기술서는 스트레이트 기사, 일반 신문기사와 같다고 했다. 자기 견해보다는 사실을 써야 한다. 경력기술서에 반드시 포함되어야 하는 사항은 다음과 같다. 우선, 회사명과 근무 부서를 써야 한다. 부서를 빼먹는 경우가 많은데 반드시 작성하자. 그 후로는 근무 기간을 쓴다. 역할과 상세 내용도 중요하다. 자신이 어떤 일을 했는지를 설명해야 기업 측에서도 미래 가치를 측정할 수 있다. 마지막으로 업무 성과를 기술해야 한다. 업무 성과는 수치를 기반으로 작성해야 한다. 다음과 같은 형태로 작성하자.

1. A기업

(1) **부서** : 마케팅

(2) **근무 기간** : 2020. 10 ~ 2021. 10

(3) **직급** : 대리

(4) **역할** : 온라인마케팅 전담, 시장 조사, 전략 수립

(5) **상세 내용** : 페이스북, 인스타그램을 운영하며 마케팅 캠페인 시행. 플랫폼에 맞는 콘텐츠 제작, 분기별 이벤트를 시행, 온·오프라인을 통해 소비자 및 경쟁사 분석, 데이터를 기반으로 전략 보고서 작성

(6) **성과** : 신규고객 500명 창출, 인스타그램 팔로워 수 30% 증가

이런 형식으로 작성한다면 자신이 한 일을 보기 쉽게 정리할 수 있다. 만약 근무 기간이 석 달 이하라면 쓰지 않는 걸 추천한다. 인턴이라면 상관없지만 신입 사원으로 입사한 후 단기간에 그만둔 사실은 득보다 실이 크다. 무엇인가를 배웠다고 쓰기도 어렵다. 천재가 아닌 이상 3달 근무하고 전문성을 키우긴 힘들다. 다른 문제는 인내심이 없어 보인다. 기업으로서는 신입 사원이 그만두면 막대한 피해다. 채용 과정을 다시 진행해야 하는 만큼 오래 근무할 직원을 뽑고 싶어 한다. 짧은 경력은 쓰지 말자.

지금까지 경력직 자기소개서 작성법을 알아봤다. 자기소개서의

경우 크게 두 가지가 있다고 했다. 에토스형과 논리형이다. 경력이 지원 직무와 유사한 경우 논리형, 그렇지 않다면 에토스형을 사용해야 한다. 경력기술서의 경우 필자가 알려준 양식에 맞춰 기술하라고 했다. 주의해야 할 점은 짧은 경력은 쓰지 않는 거다. 사실만을 명료하게 나열해서 가독성을 높이자. 입사 지원 시에는 반드시 두 가지 문서 모두를 첨부하자. 하나에 너무 많은 내용을 담으려고 하면 넘친다.

WE ARE HIRING

WE ARE HIRING |

| 4장 |

5,000명을 컨설팅한
자기소개서의 비밀

WE ARE HIRING

문과생이 삼성 이공계
직무에 합격하다

필자는 공대 관련 지식이 전무하다. 그렇지만 삼성 계열 자기소개서 합격을 도와줬다. 한 학생 사례를 통해 자기소개서의 중요성을 알아보자. 편의를 위해 기준이라고 부르겠다. 기준이는 나이가 26살이다. 인턴 경험은 없었다. 스펙은 평균 이상이었다. 토익 980점, 전공 관련 기사 자격증, OPIC AL 등 보이는 수치는 좋았다. 문제는 그런 스펙으로도 합격 연락이 오는 곳이 없었다. 간혹 보험 회사 영업직에서 면접을 요청받았지만, 자신과 전혀 상관없는 직무였기에 응하지 않았다. 본인 기준이 높다고 생각해서 스타트업에도 지원했다고 한다. 그런데 서류조차 합격하지 못하자 당황하기 시작했다. 국내 취업 시장은 경쟁이 너무 심하다고 생각해서 해외 취업을 준비하기로 마음먹었다. 결심한 지 1달 만에 코로나19가 유행했다.

해외 취업 길이 막히자 다시 현실적인 고민에 빠졌다. '이 스펙으로 서류도 합격 못 하는데 뭐 먹고살아야 하지? 멘붕이다.' 혼자 힘으로는 부족하다고 판단해서 자기소개서 첨삭서비스를 찾기 시작한다. 그런 과정 중에 필자에게 연락이 닿았다.

"안녕하세요? 자기소개서 작성 가능할까요?"
"네. 문의자님, 통화 잠깐 가능하실까요?"

통화는 2시간가량 이어졌다. 말을 나눠보니 근본적인 문제는 자기 분석 부족에 있었다. 기업마다 하는 일이 다른데, 일관된 자기소개서를 제출했다. 직무 역시 자기 전공과 유관한 곳에 '묻지 마' 지원을 했다. 계획부터 다시 세우기로 했다. 의뢰인의 이력서를 살펴보니 연구, 개발 쪽이 적합함을 확인했다. 일단 직무 관련한 경험을 '자기 분석표'에 작성하도록 했다. 소재를 살펴보니 공모전에 참여해 팀장으로 활동한 부분이 눈에 띄었다. 사례를 살펴본 후 사건, 행동, 결과를 중심으로 다시 작성을 요청했다. 7일간 자기 분석을 진행했다. 기준이는 생각보다 본인에게 좋은 경험이 많다는 사실에 놀랍다고 했다. 정제되지 않은 경험은 원석이라는 사실을 깨달았다고 말했다.

자기 분석이 끝난 후 본격적으로 지원을 시작했다. 자기소개서

트라우마 극복을 위해 삼성에 지원해보고 싶다고 말했다. 충분히 가능성 있다고 판단했고, 삼성전자 자기소개서 작성을 시작했다. 초안을 살펴보니 글 흐름이 부자연스러운 부분이 많았다. 화상 회의 프로그램으로 만난 후 그에게 직접 읽어보라고 말했다.

"저는 어린 시절부터 책임감이 강했고, 인내심도 강했습니다."
"잠깐! 지금 어떤 부분이 잘못됐는지 한번 생각해보세요."
5분 정도 고민한 후 답을 말했다.
"강했다가 반복되네요."
"맞아요. 하나의 문항에서 서술어나 주어는 3번 이상 반복하면 안 돼요."

스스로 어떤 부분이 문제인지 말하며 하나씩 수정해 나갔다. 문장 수정과 함께 적합한 소재를 찾도록 도왔다. 같은 스토리라도 어떻게 전달하는지에 따라 흥미도가 달라진다. 분명 본인이 주도적으로 한 일이 많음에도 밋밋하게 작성해서 평이한 내용으로 만들었다. 직접 100번 넘게 실험해서 답을 찾은 과정을 생략하고, 꾸준히 노력했다고 표현했다. 자신이 능동적으로 행동한 부분은 가능하면 상세하게 작성하도록 했고, 문제 상황도 구체화해서 얼마나 어려운 일이었는지를 그려냈다. 결과는 수치로 제시해서 인사담당자가 쉽게 내용을 파악할 수 있도록 했다.

이공계 자기소개서인 만큼 가독성이 중요했다. 실험이나 도구, 전공 관련 부분에 어려운 내용이 많기에 간결하게 전달해야 한다. 인사담당자 중에서 전공 내용을 모르는 경우가 있는 만큼 자신이 아는 언어로만 작성하면 불합격한다. 문과생 입장에서 지루하거나 이해하기 어려운 부분은 모두 쉬운 내용으로 바꿨다. 가능한 한 단문 위주로 문장을 기술해서 속도감 있게 내용을 읽을 수 있게 구성했다. 전공 관련 내용 중에서도 이론적인 부분에 너무 치중한 내용은 간소화하고, 주문자가 문제 해결을 위해 한 행동을 위주로 작성했다. 전문 지식이 없어도 누구나 공감할 수 있는지에 집중했다.

다 쓴 후에 기준이에게 최종적으로 내용 검토를 요청했다. 전공 관련 이해도는 기준이가 더 높았기에 과도하게 생략된 부분이 있는지 물었다. 용어나 전공 지식을 최종적으로 점검한 후 서류를 제출해도 좋다고 말했다. 서류 지원을 마무리한 그는 필자에게 속이 후련하다고 말했다. 열심히 준비한 만큼 떨어져도 아쉽지 않을 거 같다고 했다. 서류 발표까지 2주 넘게 남았기에 다른 기업 자기소개서를 작성하며 이번 채용 건은 잊고 있으라고 조언했다. 빠르게 시간은 흘렀고, 서류 발표 날이 다가왔다. 당일 오후에 휴대폰이 울리자 필자 역시 긴장했다. 확인해보니 기준이였다. 마음을 다잡고, 내용을 살폈다.

'선생님! 너무 감사해요! 서류 합격했어요.'

기준이를 시작으로 10명에게 합격 문자를 받았다. 문과생인 필자가 국내 최대 기업 이공계 직무에 수십 건의 합격을 도와준 거다. 지금도 매년 같은 방식으로 삼성 취업 준비생을 돕고 있다.

삼성 합격 자기소개서로 보는 대기업 합격 비결

삼성은 자기소개서를 상세히 평가하는 기업으로 유명하다. 국내 1위 기업인 만큼 삼성 자기소개서를 분석해보는 건 다른 기업 서류 작성 시에도 긍정적인 영향을 미친다. 필자가 선정한 기업은 '삼성SDS'다. 문항 자체가 난이도가 높고, 다양해서 선정했다. 문항은 총 세 가지다. 눈여겨볼 만한 항목은 2, 3번이다. 2번 문항의 경우 조건이 많아서 질문이 원하는 답변을 하는 사람이 적었다. 의도에 맞지 않는 답변으로는 절대 합격할 수 없다. 3번은 사회적 이슈 문항이다. 논술형인 만큼 필력과 논리 역량이 중요하다. 각 문항을 상세히 살펴보며 작성법을 알아보자.

[1번 문항] 삼성SDS를 지원한 이유와 입사 후 회사에서 이루고 싶은 꿈을 기술하십시오(700자, 영문작성 시 1,400자 이내).

가치와 자아실현 모두 가능한 기업

가치와 자아 모두를 실현할 수 있다고 생각해 지원합니다. 해외 생활을 하며 외국 기업에 입사할 기회가 여러 번 있었습니다. 하지만 해당 기업에서 성과를 낸다면 외국 기업의 공적이 되기에 근무를 망설였습니다. 저는 한국인으로서 국내 기업 기술력 향상에 이바지하고 싶다는 생각이 컸습니다. 그러던 중 삼성SDS가 국내외 AI 경진대회에서 1위를 했다는 소식을 접했습니다. 대학에서 다양한 인공지능 관련 연구를 통해 전문성을 키운 만큼 삼성SDS에서 근무한다면 애국이라는 가치와 적성에 맞는 인공지능 분야에서 활약하며 자아실현을 동시에 성취 가능하다고 판단해서 지원을 결심했습니다. AI 기술의 핵심은 인간의 삶을 이롭게 하는 것입니다. 기술보다는 인문학적 관점에서 AI 기술 실현을 위해 노력했습니다. 가장 기억에 남는 건 뇌 과학 연구입니다. 트라우마를 극복할 수 있게 도와주는 어플리케이션을 연구하는 프로젝트였습니다. 해당 연구를 통해 데이터를 수집하는 것보다 분석하는 일이 더 중요함을 깨달았습니다. 의미 없는 데이터를 모아 맥락을 형성하고 실생활에 도움을 주는 모습을 보며 AI 분야 매력을 느꼈고, 글로벌 경쟁력을 지닌 삼성SDS에서 제 역량을 펼치고자 합니다.

전문가 해석

　지원동기 작성은 본인의 가치와 기업의 가치를 연관 짓는 방법이 가장 쉽다. 기업과 공통점을 찾아야 하는데 제품이나 다른 요인을 발견하기 어렵기 때문이다. 이 사례에서도 '애국'이라는 가치를 언급함으로써 기업에 공감을 얻었다. 이에 더해 자아실현으로 연결함으로써 차별성을 구현했다. 자신이 추구하는 목표가 어떤 건지 기업 자료를 토대로 언급했다. 기업에 대한 관심도와 본인의 목표를 동시에 보여주는 방법이다. 그 후 분야에 대한 자기 사례를 보여줌으로써 스토리텔링을 완성했다. 단순히 그 분야에 관심이 있다고 말하지 않고, 실질적인 예시를 제시해 설득력을 높였다. 두괄식 작성, 스토리텔링, 기업 조사 모두 들어간 좋은 사례라고 볼 수 있다.

[2번 문항] 본인의 성장 과정을 간략히 기술하되 현재의 자신에게 가장 큰 영향을 끼친 사건, 인물 등을 포함해 기술하시기 바랍니다(※ **작품 속 가상인물도 가능, 1,500자, 영문작성 시 3,000자 이내**).

한 편의 영화가 인생을 바꾸다

　세 개 국가에서 생활하며 글로벌 역량을 키웠습니다. 초등학교 졸업 후 중국으로 유학을 갔습니다. 기대감에 잠을 이루지 못했습니다. 비행기에서 내려 중국에 첫발을 디딘 그 순간은 아직도 잊지 못합니다. 폐 끝까지 파고

드는 신선한 공기를 느끼며 미래에 대한 희망을 품었습니다. 현실은 냉혹했습니다. 그 당시 중국어를 잘하지 못했기에 무시하는 친구가 있었습니다. 학교 공부 역시 모든 교재가 중국어로 되어 있어 적응하기 어려웠습니다. 학업보다 주변 친구들과 가까워지기 위해 노력했습니다. 먼저 다가가고, 수업 끝난 후 함께 여행을 가자고 제안했습니다. 그들의 말을 이해하기 위해 더 집중해서 대화에 임했고, 친구들은 저와 대화하는 것을 즐기기 시작했습니다. 진심으로 그들의 이야기에 공감한 결과라고 생각합니다. 처음에는 의심의 눈초리로 바라봤던 친구들이 지금은 부르면 한국까지 찾아올 정도로 깊은 관계를 유지할 수 있게 됐습니다.

평화는 오래가지 않았습니다. 친구들과 여행을 다녀온 후 충격적인 소식을 접했습니다. 미국 국제학교로 전학해야 한다고 부모님께서 말씀하셨습니다. 10년간 지내온 제2의 고향을 떠난다는 생각에 두려운 마음이 커졌습니다. 미국과 중국은 전혀 다른 환경이었기에 적응하기 어려울 것으로 예상했습니다. 중국에 남고 싶다고 했지만, 결국 미국 국제학교로 전학갔습니다. 함께 미래를 계획했던 친구들도 아쉬워했습니다. 불길한 예상은 틀리지 않았습니다. 영어를 이해할 수 없었기에 소통에 어려움을 겪었습니다. 영어를 못 하는 동양인에게 관심을 갖는 학생은 없었습니다. 집에 와서 눈물을 흘리며 부모님을 원망했습니다. 하루에도 수십 번 중국으로 돌아가고 싶다고 했습니다. 10년간 쌓아온 노력이 물거품이 된 것만 같았습니다.

모든 것을 포기하려는 순간 영화가 제 인생을 변화시켰습니다. 친구가 없었기에 영상 시청에 대부분 시간을 보냈습니다. 그러던 중 〈가타카〉라는 영화를 접했습니다. 가타카는 유전자로 사람 능력을 결정하는 사회에서 열등하게 태어난 주인공(빈센트)의 이야기를 그려낸 영화입니다. 마지막에 우성 유전자를 지닌 동생과 수영 시합을 하며 승리를 쟁취하는 장면이 가장 기억에 남습니다. "난 돌아갈 힘을 남겨두지 않아서 너를 이기는거야"라고 외치는 모습이 저를 향해 하는 말처럼 느껴졌습니다. 영화를 본 후 외부적인 상황을 탓하지 않기로 결심했습니다. 결국은 마음가짐이 중요하다고 생각했습니다. 중국어는 최대한 현지인과 소통하며 실력을 키웠고, 동급생과는 한류 콘텐츠를 기반으로 가까워졌습니다. 미국도 미국만의 매력이 있었고, 새로운 문화와 언어를 배울 수 있는 기회였습니다. 결국 미국에서도 적응에 성공해서 지금도 연락할 정도로 친한 친구들과 역량, 새로운 시각을 얻을 수 있었습니다. 지금도 빈센트가 되기 위해 노력하고 있습니다.

전문가 해석

2번 문항은 성장 과정, 인물, 사건 모두를 포함해야 하기에 난이도가 높다. 필자가 확인한 자기소개서 80% 이상이 조건에 맞지 않는 답변을 했다. 특히, 인물을 뺀 경우가 많았다. 본인 위주로 사건을 잘 기술했지만, 자신에게 영향을 미친 인물에 대한 설명이 없었다. 빠진 내용을 다시 기입해달라고 요청한 후 첨삭을 진행한 이유다. 여러분도 반드시 질문이 요구하는 사항은 모두 포함해서 적어야 한다는 사실을 잊지 말자. 2번 사례는 해외 생활 경험을 통해 성장 과정을 이야기했고, 국가를 옮겨 다른 곳으로 가야 한다는 사건과 빈센트라는 주인공을 연결했다. 지문이 요구하는 사항은 모두 포함하되 연결해 한 가지 글을 완성해야 한다는 사실을 잊지 말자.

[3번 문항] 최근 사회 이슈 중 중요하다고 생각되는 한 가지를 선택하고 이에 관한 자기 견해를 기술해주시기 바랍니다(1,000자, 영문작성 시 2,000자 이내).

인공지능과 유토피아

10년 전만 해도 불가능하다고 생각했던 일들이 현실에서 벌어지고 있습니다. 기계가 인간과 바둑을 해서 이기기도 하고, 글을 쓰기도 합니다. 해외에서는 이미 AI로봇이 기사 쓰기를 도와주고 있습니다. '사이언스 뉴스'가 대표적인 사례입니다. 인공지능 편집자를 활용해 실제 사람 편집자를 보조합니다. 더 놀라운 사실은 로봇이 그림도 그린다는 점입니다. 미국 콜로라도볼더대 하샤 강가다바틀라(Harsha Gangadharbatla) 교수가 일반인 대상으로 실험한 결과, 대부분이 인공지능 그림과 사람 그림을 제대로 구별하지 못했습니다. 창작의 영역은 로봇이 인간을 대체할 수 없다는 고정 관념을 깬 사례였습니다. 인공지능 로봇이 인간의 삶을 좀 더 편하게 도와준다는 장점이 있지만, 일자리를 위협한다는 문제가 발생했습니다. 제조업뿐만 아니라 의사, 변호사, 교수를 AI가 대체한다는 연구 결과를 접하면 섬뜩하기까지 합니다.

기술 발전은 결국 인간의 결정에 따라 축복이 될 수도, 재앙이 될 수도 있습니다. 결국 정책을 결정하는 것은 인간이기 때문입니다. 기술 발전만큼 적절한 대책을 마련한다면 기술이 향상할수록 삶의 질이 향상될 겁니다. 생산량이 극도로 증가하면 결국 소비가 중요합니다. 과거에는 생산에 초점을 맞춰 노동력을 사용했다면, 시간이 지날수록 '소비'에 집중해야 합니다. 노동 시간을 줄이고 소비할 수 있는 환경을 사람들에게 제공한다면 모두가 행복한 삶을 살 수 있습니다. 기본 소득을 통해 실현할 수 있습니다. 정부가 압도적으로 증가한 생산물들을 국민에게 무상으로 배포해 모두가 쾌적한 삶을 보장받게 하면 됩니다. 인간은 취미로 좋아하는 일만 하면 되고, 로봇은 자신이 맡은 분야를 전문적으로 함으로써 서로 이익이 되는 방향으로 발전할 수 있습니다. 모두가 행복한 유토피아의 시작은 인공지능이라고 생각합니다. 이에 동참해 인류에 긍정적인 영향을 미치는 데 기여하겠습니다.

전문가 해석

사회적 이슈 문항은 두 가지만 기억하자. 시의성과 소재 적합성이다. 시의성이란 얼마나 최근에 발생한 사건인지를 말한다. 아무리 좋은 소재라고 하더라도 오래전에 발생한 일이라면 가치가 떨어진다. 가능한 한 최근 3년 안에 발생한 문제를 선정하도록 하자. 소재 적합성은 기업과 얼마나 연관이 있는지를 뜻한다. 기업이 속한 산업과 중요하게 생각하는 기술을 확인한 후 이와 관련 있는 주제를 선택하는 것이 적합하다. 정치나 종교처럼 민감한 사항은 가능한 제외하도록 하자.

3번 사례를 살펴보면 4차 산업혁명 기술을 토대로 작성했다. 기술과 인간의 공존이 사회적인 이슈인 만큼 이에 주목했다. 사회의 불안감과 문제점을 선명하게 표출한 후 적합한 해결책을 제시함으로써 논리적으로 자기 생각을 표출했다. 상황, 문제 제기, 원인, 해결책순으로 글을 작성하면 누구나 쉽게 설득력 있는 글을 작성할 수 있을 거다. 해당 공식을 기억하자.

NCS 자기소개서
이렇게 안 쓰면 떨어진다

NCS 자기소개서는 일반 자기소개서와 작성 방법이 다르다. 다른 자기소개서가 논리력, 사회성, 조직 적응력 등 다양한 분야에 대해 물었다면, NCS 자기소개서는 직무 전문성을 위주로 질문한다. 스펙을 적지 않는다는 사실을 기억하면 자기소개서 작성이 더 수월하다. 기타 요인을 배제하고 지원자가 얼마나 그 직무에 적합한지를 위주로 살펴보겠다는 의지를 이력서란에서부터 파악할 수 있다. 친절하게 작성하면 안 되는 사항도 알려준다. 여러분이 합격하려면 직무 전문성이라는 키워드에 집중해야 한다.

직무 전문성을 증명하려면 사례를 바탕으로 자기소개서를 작성해야 한다. 사례에는 문제 상황, 과제, 능동적인 행동, 결과순으로 작성하면 된다. 여기서 핵심은 방금 언급한 네 가지 항목 중 한 가지 이상 특별한 점이 있어야 한다는 점이다. 평범하면 인사담당자는 하품한다. 눈에 띄는 요인이 있어야 끝까지 읽힌다는 사실을 기억하자. 행동과 결과가 특별하다면 가장 바람직하다. 직무 관련 경험이면서 자신이 좋은 결과를 만들었다면 합격에 가까워진다. 그럼 합격 자기소개서 사례를 통해 NCS 자기소개서를 분석해보자. 기업은 건강보험공단이다.

[1번 문항] 팀 활동 중 다른 팀원이 수행한 과업에 대해 피드백을 주었던 경험을 이야기해주십시오. 당시 상황을 간략하게 기술하고, 어떤 방법으로 피드백을 했고 이때 가장 중요하게 생각했던 부분이 무엇인지 구체적으로 기술해주시기 바랍니다(1,000바이트).

약점보다 강점에 집중하다

'3D 프린트'를 통해 반품률을 기존 대비 70% 이상 낮췄습니다. 대학생 시절 아이디어 공모전에 참여했습니다. 도움을 희망하는 업체를 선정한 후 인터뷰를 진행했습니다. 온라인 매장을 운영하는 사업자는 반품이 많다는 문제를 겪고 있었고, 이를 해결하기 위해 가상 디자인 제작에 돌입했습니다. 관련 지식이 가장 많았기에 팀장으로 선정됐습니다. 팀원들을 관리하며 올바른 전략을 수립했습니다. 두 달 넘게 프로젝트가 지연됐습니다. 문제는 앱 개발 담당자였습니다. 목표치의 60% 이하를 달성하며 전반적인 속도를 늦췄습니다. 관찰해보니 그 팀원은 일을 미루는 습관이 있었습니다. 업무량을 정확히 예측할 수 없기에 목표치보다 적은 결과물을 만들었습니다. 해당 팀원에게 식사를 함께하자고 요청했습니다. 문제를 지적하기보다 칭찬을 통해 제가 제안하는 사항을 받아들이도록 하는 데 집중했습니다. 그 팀원의 능력이 뛰어나다고 말한 후 업무 집중도를 위해 계획은 제가 대신 세워주겠다고 했습니다. 계획표를 바탕으로 함께 업무를 진행한 결과 예상 시간보다 빠르게 결과물을 만들 수 있었습니다.

전문가 해석

두괄식으로 글을 구성했다는 점에 주목하자. 결론을 말해야 인사담당자가 편하게 글을 읽을 수 있다. 상황은 졸업 작품을 위해 참여한 프로젝트다. 그 안에서 팀원 작업 속도가 느리다는 문제가 발생한다. 이를 해결하기 위해 해당 팀원과 개인 면담을 진행한다. 그 결과, 원했던 목표를 성취한다. 이처럼 NCS 자기소개서에는 정해진 스토리가 있다. 그 점을 기억하고 자기소개서를 작성하자.

[2번 문항] 공동의 목표를 달성하는 과정에서 문제가 발생했을 때 본인의 아이디어를 통해 해결했던 경험을 이야기해주십시오. 당시 상황을 간략하게 기술하고 문제가 발생한 원인과 제시한 해결 방법에 대해 구체적으로

서술해주시기 바랍니다.

공유를 통해 만족을 이끌어내다

종이 한 장으로 문제를 해결했습니다. 구청에서 근무하며 재난 용품 관리 업무를 담당했습니다. 자연재해가 발생할 시 필요한 도구를 요청한 업체에 제공했습니다. 업체당 하나씩 도구를 지원했습니다. 대부분 업체가 이에 수긍했지만, 몇몇 업체는 그 이상 받지 못한다면 차라리 지원받지 않겠다고 했습니다. 사업장이 거절했다고 외면하지 않고, 직접 방문해서 의견을 들었습니다. 2시간 이상 대화한 결과 폭우로 인해 매장을 운영할 수 없었던 경험을 말하며 소수의 도구로는 작업이 불가능하다고 설명했습니다. 문제 해결을 위해 동료들과 회의했습니다. 각자 경험을 듣다 보면 올바른 답을 찾을 수 있다고 생각했습니다. 대화를 통해 특정 업체는 필요 이상의 재난 용품을 개별적으로 보유하고 있다는 사실을 알게 됐습니다. 저는 이에 집중했고, 서로 대여할 수 있는 리스트를 만들자고 제안했습니다. 모두 제 의견에 동의했습니다. 직접 조사를 통해 리스트를 작성했습니다. 리스트를 배포한 후에는 재난 용품 부족으로 불만을 표하는 업체가 20% 미만으로 감소했습니다.

전문가 해석

2번 문항은 1번과는 다른 방식으로 두괄식을 구현했다. 2번은 결과보다는 좀 더 호기심을 느끼도록 낚싯바늘을 던졌다. 호기심은 독자가 글을 끝까지 읽게 만드는 원동력이다. 그 후는 유사한 방식으로 스토리를 전달했지만, 첫 문장만 바꿔도 글 전체 느낌이 달라진다. 같은 집이라도 인테리어에 따라 다른 느낌을 전달하듯 자기소개서도 문항마다 다른 방식으로 글을 전달해보자. 다채로워야 아름답다.

[3번 문항] 소속된 조직의 목표 성취를 위해 헌신하거나 열정을 쏟았던 경험이 있다면 해당 경험과 그 결과에 대해 구체적으로 기술해주시기 바랍니다.

방과 후 수업 성공의 비결

수치보다는 과정에 집중해 학생들의 기초 체력을 20% 이상 향상시켰습니다. 학부생 시절, 초등학교 방과 후 수업에서 신체놀이 수업을 지도했습니다. '학생 체력 향상'이라는 목표를 달성하기 위해 담당 선생님 모두 노력했습니다. 초반에는 달리기, 멀리뛰기, 공 던지기 기록을 바탕으로 순위를 정했습니다. 서로 자극을 받아 더 열심히 할 거라는 기대와는 달리 다툼만 커졌습니다. 이를 해결하기 위해 온라인, 오프라인 조사를 동시에 진행했습니다. 온라인은 관련 논문과 영상을 보며 체계적으로 교육할 방안을 찾았습니다. 오프라인의 경우 다른 선생님들이 수업하는 모습을 참관하며 적용할 수 있는 점을 찾았습니다. 각종 자료를 통해 수치로 학생들을 관리하기보다 협업을 통해 함께 운동할 수 있는 환경을 조성해야 한다는 사실을 깨달았습니다. 평소 운동을 즐겨 했기에 제가 하던 운동을 아이들이 함께할 수 있는 방안을 고민했습니다. 현직자에게 조언을 구했고, 협동력을 극대화할 수 있는 운동 커리큘럼을 제작했습니다. 그 결과, 목표했던 것 이상으로 체력을 향상시킬 수 있었습니다.

전문가 해석

3번은 다시 1번과 유사한 방식으로 두괄식을 구현했다. 이때 주목해야 할 점은 수치를 기반으로 작성했다는 점이다. 여러분이 인사담당자와 완벽히 같은 생각을 할 수 있는 방법은 숫자를 활용하는 방법뿐이다. 낡은 의자라고 표현해도 각자 머릿속에는 다른 이미지를 떠올린다. 그렇기에 자기소개서에서 결과만큼은 반드시 수치로 표현해야 한다.

[4번 문항] 조직 생활이나 업무수행 중 불편함이 예상되는 상황에서도 양심을 지키기 위해 노력한 경험이 있다면 이야기해주시기 바랍니다. 당시 상황을 간략히 기술하고, 자신이 한 행동의 내용과 이유를 구체적으로 서술해주시기 바랍니다.

원칙 준수가 업무에 미친 영향

서류 검토 규정을 엄수해 조직 시스템 유지에 기여했습니다. 이전 직장에서 근무하며 문서 접수 업무를 담당했습니다. 개인정보 확인을 위해 얼굴 사진을 반드시 확인해야 한다는 규정이 존재했습니다. 매일 100건 이상 서류를 확인했습니다. 전달받은 서류 중 10%는 확인이 어려운 상태였습니다. 너무 밝거나 어두워서 정보를 확인할 수 없었습니다. 고객에게 재발송을 요청하면 시간 소요가 커지기에 대략적으로 확인하고 넘길 수 있었습니다. 하지만 원칙은 조직 구성원이 지켜야 할 최소한의 약속이라는 생각에 고객에게 다시 발송해달라고 요청했습니다. 또한, 이번에 예외를 만들면 추후에 같은 상황이 발생했을 때 시정을 요구하면 문제를 제기할 수 있다고 판단해 정확하게 업무를 처리하기로 결심했습니다. 고객에게 연락할 때는 친절한 태도를 유지하며 단순히 결과물만 요청하는 것이 아니라 해결할 방안도 함께 안내했습니다. 대부분 정확한 방법을 몰라서 발생하는 경우가 많아서 제 도움에 고마움을 표했습니다. 원칙을 고수함으로써 추가 문제를 방지했고, 업무 효율성 30% 향상이라는 결과를 얻을 수 있었습니다.

전문가 해석

4번 문항에서는 첫 문장에 수치를 제외함으로써 다른 맛을 냈다. 수치는 마지막에 제공했다. 3번과는 대칭을 이룬다. 스토리텔링은 얼마나 자신이 원칙을 지키기 어려웠는지 표현하는 것을 위주로 했다. 살면서 누구나 규율을 어기고 싶은 충동이 생기는데 그 감정을 글을 통해 부활시켜야 한다. 나만 감추면 아무도 모르는 신분증 확인 업무에서 시간이 더 오래 걸릴 것을 알면서 원칙적으로 일을 진행하기 어렵다. 그걸 표현한 후 자신은 이를 어기지 않았음을 보여준다. 사례를 통해 자신이 윤리적인 사람임을 증명했다. 근거 없는 주장은 공허하다. 자신이 도덕적인 사람이라고 외치지 말고, 사례를 통해 보여주자. 스토리가 사람을 움직인다.

농협 합격 자기소개서로 살펴보는 금융권 취업 전략

금융권 자기소개서는 단계적인 접근이 필요하다. 거시적인 접근은 금융권 전체가 겪고 있는 문제를 발견한 후 이에 대한 적절한 대응 방안을 제시하는 것이다. 특히, 핀테크의 성장과 4차 산업혁명 기술 확대로 인한 위기 대응 방안으로 자기 전문성을 활용할 수 있다면 서류 합격이 아니라 승진까지 이어질 수 있다. 산업 전반적인 환경에 대한 이해는 직무와 상관없이 중요한 부분이다. 은행 업계에 대한 조사를 먼저 시행하자. 주의해야 할 점은 피상적인 지식을 바탕으로 자기소개서를 작성하면 안 된다는 사실이다. 빅데이터 관련 해결책을 제안하는데 기본적인 속성조차 모른다면 오히려 합격에 악영향을 미친다. 자기소개서에 작성한 지식은 완벽하게 이해해야 한다.

미시적인 접근 방식은 자기소개서 내에서 차별화를 형성할 수 있는 문항에 집중하는 전략이다. 해당 은행에 지원한 이유와 직무 전문성이 자기소개서 당락을 가른다. 시중에는 다양한 은행이 있다. 그 많은 은행 중에서 당신이 지원하는 은행을 선택한 이유를 합리적으로 설득해야 한다. 이를 위해 기업 분석을 철저히 해야 한다. 은행 지원 동기를 적절하게 작성하려면 SWOT 분석을 직접 해봐야 한다. 강점은 살리고, 약점을 보완하는 방안을 제시함으로써 지원 은행 이해도가 높다는 사실을 증명해야 한다. 이에 더해 해당 은행과 유관한 경험이 있다면 합격률을 높일 수 있다. 은행은 자격증이 중요한 역할을 한다. 금융 관련 자격증이 있다면 좋다. 만약 없다면 경험으로 승부 보자. 자신이 다른 지원자보다 뛰어난 이유를 지식 또는 경험을 통해 설명해야 합격할 수 있다. 자세한 내용은 농협 합격 자기소개서를 통해 살펴보자.

[1번 문항] 본인의 가치관에 근거해, 농협은행에 지원하게 된 이유와 이를 위해 준비해온 과정, 그리고 입사 후의 포부에 대해서 기술해주십시오 (본인의 가치관, 지원 동기, 준비 과정, 입사 후 포부).

고객 눈높이에서 서비스 제공

"아빠는 이제 퇴직해도 걱정 없다." 농협 은행 방문 후 아버지가 하신 첫

마디였습니다. 상품 판매에 집중하던 타 기업과 달리 농협은 개념 설명을 우선시했습니다. 그 모습을 보며 저 역시 타인의 고민을 해결해주는 행원이 되고 싶다는 꿈을 키웠습니다. 은행 입사를 위해 거시, 미시 경제 공부를 병행했습니다. 학습할수록 실생활에 꼭 필요한 요소임을 깨달았습니다. 지식을 나누기 위해 금융교육 봉사활동에 참여했습니다. 어려운 내용을 쉽게 전달하는 법을 배웠습니다. ETF를 명품 쇼핑에 비유해 청자의 이해도를 높였고, 좋은 평가를 받았습니다. 농협에 입사하면 쉬운 설명으로 고객 만족도를 높이겠습니다. 출장소에서 기관과 소통하는 역할도 하겠습니다. 기관 거래, 예치금 관리를 통해 고객과 관계를 구축하고 개인 고객으로 유치하겠습니다. 이를 위해 지점별 차이를 이해하는 것이 중요하다고 느껴 서울 지역에 있는 모든 농협은행 지점을 방문했습니다. 시청, 중소기업지원센터 출장소에서 팀장, 과장과 면담을 통해 주 고객에 대한 정보, 소통 방식을 배웠습니다. 현장에서 배운 점을 토대로 고객 지향적인 서비스를 제공하겠습니다.

전문가 해석

1번 문항이 서류 합격에 결정적인 역할을 했다. 농협과 유관한 경험을 말함으로써 인사담당자에게 흥미를 이끌었다. 그 후 농협 지점을 직접 방문하는 적극성을 보여주며 해당 지원자가 얼마나 농협에 관심이 있는지를 보여준다. 누구나 할 수 없는 경험을 말했기에 합격했다고 볼 수 있다. 차별화된 경험은 가장 강력한 무기임을 다시 한번 보여주는 사례.

[2번 문항] 농협 본연의 가치 구현을 위해 강조되고 있는 ESG 경영과 관련해 농협은행이 농업·농촌 또는 지역 사회를 위해 실천할 수 있는 방안은 무엇인지, 또 이와 관련해 본인이 입행 후 수행할 수 있는 역할은 무엇인지 기술해주십시오(ESG 경영 실천방안, 농업, 농촌 또는 지역사회 연계, 본인의 역할).

상생하는 ESG 프로세스 구축

농업인 복지 증진을 위해 힘쓰는 농협에 ESG 경영은 나아가야 할 방향이고, 이미 걷고 있는 길입니다. '기술'과 '연결'이라는 관점에서 이를 실현할 수 있습니다. 디지털 플랫폼을 통해 스마트팜 농산물 직거래 기능을 고안해서 농촌 성장을 도울 수 있습니다. 스마트팜 농업 활성화와 함께 새로운 기회를 제공하는 방안을 마련해야 합니다. 연결은 ESG 실현 농업 프로세스를 통해 이뤄낼 수 있습니다. 'NH 그린성장 지수'가 높은 유통 기업에게 스마트팜을 활용하는 농업인을 연결합니다. 이 과정을 통해 기업의 ESG 경영 활성화를 유도할 수 있습니다. 저는 ESG 경영 실현을 위해 두 가지 역할을 하겠습니다. 첫째, 'ETF 특정금전신탁'과 'NH더하고나눔정기예금'과 같은 ESG 유관 상품 판매에 집중하겠습니다. 가입 전 상품 설명을 명확히 해서 기업과 고객 모두 만족스러운 결과를 이끌겠습니다. 둘째, 기업 고객에게 ESG 경영 평가 등급 향상을 위한 상담을 제공하겠습니다. 영세 기업의 경우 단기적인 이익만을 추구하지만, 'NH 그린성장 지수' 향상이 기업에 어떤 이익을 주는지 설명해 정책에 동참할 수 있도록 유도하겠습니다.

전문가 해석

ESG 경영은 최근 떠오르고 있는 키워드다. 타 기업에서도 자주 등장하는 만큼 관련 조사가 필요하다. ESG 경영 자체에 대한 개념 이해와 함께 ESG 경영을 다른 기업에서는 어떻게 실천하고 있는지 확인해보자. 그 후 기업 내부에 도입할 방안을 고민하면 된다. 해당 문항 난이도가 높은 이유는 크게 두 가지를 묻고 있기 때문이다. 대부분 한 가지만 작성하거나 주제와 맞지 않는 답변을 하는 경우가 많다. 문항에 맞는 답변 작성에 집중해야 하는 이유다. 방안을 묻기 때문에 구체적으로 작성이 필요하다. 어떤 부분에서 본인이 기여할 수 있을지 설명한다면 좋은 평가를 받을 수 있다.

[3번 문항] 디지털 생활금융 플랫폼을 구축하는 데 있어 가장 중요하다고 생각되는 요소는 무엇인지 본인의 경험을 들어 설명하고, 이와 관련해 본인이 입행 후 기여할 수 있는 방안에 대해 기술해주십시오(디지털 생활금융 플랫폼 관련 요소, 본인의 경험, 본인의 역할).

교육을 통해 디지털 문맹 해결

사각지대 최소화가 가장 중요하다고 생각합니다. 디지털 특성상 연령대가 높은 고객은 사용률이 낮습니다. SK 대학생 자원 봉사단으로 활동하며 노인을 대상으로 스마트폰 활용 교육을 하며 이와 같은 사실을 발견했습니다. 앱을 활용할 줄 아는 고령층 고객도 인증 절차가 까다로운 은행 앱은 사용하지 않았습니다. 고령 고객 시장 유입이 전 국민적인 디지털 생활금융 플랫폼 확산에 결정적인 역할을 할 것임을 활동을 통해 깨달았습니다. 다른 연령대에 비해 이용률이 낮기에 이들의 사용 비율이 높아진다면 전체적인 수치에 큰 영향을 미칠 것입니다. 이를 위해 고령 고객 친화 서비스를 제공 하겠습니다. 창구를 이용하는 고객 대상으로 은행 앱 사용 방법을 교육하겠 습니다. 방문 고객 데이터를 축적한 후 SPSS를 활용해서 앱 사용을 위한 부 가 서비스도 제공할 예정입니다. 또한, 플랫폼 사용 방법 팸플릿을 제작해 정보를 확산시키겠습니다. 고령 고객층에게 익숙한 인쇄매체를 활용해 디 지털 정보 이용 방법을 교육함으로써 효율성을 극대화하겠습니다. 이와 같 은 두 가지 정책을 통해 디지털 플랫폼 구축에 기여하겠습니다.

전문가 해석

디지털 생활금융 플랫폼 이해도를 확인하고, 해결책 마련 능력 을 파악하기 위해 만든 문항이다. 질문만 살펴봐도 지원자의 역량 을 종합적으로 판단하려는 기업 의도를 확인할 수 있다. 단순히 지 식만 묻는 것을 넘어 문제 해결 역량을 확인함으로써 입사 후 얼마 나 좋은 성과를 창출할 수 있는지 미리 파악한다. NCS 자기소개서 가 일반 자기소개서와 가장 큰 차이를 보이는 부분이기도 하다. 질 문자 의도를 명확하게 파악하고, 적절한 답을 제시하자. 상황, 문 제 제기, 원인, 해결책순으로 글을 구성하는 연습을 해보자.

[4번 문항] '몰입'이 가진 힘에 대해 본인의 생각을 서술하고, 자신이 살

아오면서 가장 몰입했던 경험과 그 과정에서 느낀 점에 대해 구체적으로 기술해주십시오(**몰입의 힘에 대한 본인의 생각, 몰입 경험, 느낀 점**).

양보다는 질, 성공의 요건

몰입은 물리적인 시간을 극복하게 도와주는 도구입니다. 모든 업무에는 마감이 있습니다. 제한된 시간 내에서 원하는 결과를 얻기 위해 몰입이 필요합니다. 얼마나 몰입할 수 있는지가 성공을 좌우한다고 생각합니다. 삼성전자 근무 당시 있었던 일입니다. 근무하던 팀에서 해외 워크숍 제안 업무를 담당하기로 했습니다. 30일이 주어졌습니다. 팀원 대부분이 출장 중이었기에 제가 제안서 작성 업무를 담당하게 됐습니다. 14일 이내에 끝내라는 지시를 받았습니다. 빠르게 작성할수록 좋다고 판단해 업무에 집중했습니다. 혼자서 작성해야 했기에 힘들기도 했지만, 주도적으로 일을 한다는 생각으로 좀 더 책임감을 지니고 진행했습니다. 제 실력을 보여줄 수 있는 기회라고 생각해 최선을 다했고, 그 과정에서 흥미를 느꼈습니다. 그 결과, 마감 기한보다 2일 빠르게 제안서를 팀장에게 전달했습니다. 초안 작성을 빠르게 해서 생긴 시간적인 여유를 바탕으로 팀장은 좀 더 완성도 높은 제안서를 만들었습니다. 워크숍을 성공적으로 개최하는 데 큰 역할을 했습니다. 절대적인 시간보다는 얼마나 몰입했는지가 업무 성과를 결정한다는 것을 깨닫는 계기였습니다.

몰입은 누구나 이해하고 있는 단어다. 그만큼 지문이 평이해지기 쉽다. 평범한 질문에서 차별성을 형성하려면 인사담당자에게 공감을 살 만한 경험을 제시해야 한다. 얼마나 어려운 문제였는지 초반에 제시하고, 몰입을 통해 해결한 내용을 작성해보자. 스토리를 흥미롭게 하는 요인은 인물, 사건, 행동인데 해당 문항에서는 행동에 좀 더 집중해서 써야 한다. 그 후 좋은 성과를 제시함으로써 자신만의 몰입 스토리를 만들 수 있다. 다른 자기소개서 작성 시에도 질문에 따라 강조해야 하는 점이 다르다는 사실을 기억하자. 인물은 성격, 사건은 문제 상황, 행동은 해결책임을 염두에 두고 요구사항에 맞춰 작성한다면 여러분도 매혹적인 이야기를 인사담당자에게 들려줄 수 있다. 쓰기 전에 듣자.

[5번 문항] 앞의 자기소개서 내용 외에 추가로 자신을 소개할 내용을 기술해주십시오.

위기 속에서 답을 찾다

위기 대응 능력이 뛰어납니다. 대학생 시절, 봉사 동아리 회장으로 활동했습니다. 임기 중 올바른 전략 수립으로 좋은 성과를 달성한 경험이 있습니다. 효율적인 운영을 위해 24명의 총무 담당자에게 정산 교육을 해야 했습니다. 기본 정산 교육은 짧은 시간에 이뤄졌기에 이해하는 직원이 소수였습니다. 그들을 돕기 위해 두 가지 방안을 활용했습니다. 첫째, 쉬운 정산 매뉴얼 제공과 추가 교육을 진행했습니다. 총무 경험을 바탕으로 상황별 대응 매뉴얼을 제작했습니다. 추가 교육을 진행해 구매 목록 및 영수증 정산 과정에서 나타날 수 있는 실수를 예방했습니다. 둘째, 매주 피드백 시간을 마련했습니다. 월요일마다 각 팀 자금 사용 정산서를 검토한 후 개별 피드백을 제공했습니다. 올바른 전략을 활용한 결과, 최종 정산 보고서를 문제없이 승인받을 수 있었습니다. 제가 작성한 매뉴얼이 우수 활동 사례로 소개되기도 했습니다. 입행 후에도 문제가 발생하면 적절한 대응을 통해 극복해서 기업 리스크 관리에 이바지하겠습니다. 위기를 기회로 만드는 직원이 되겠습니다.

전문가 해석

추가적으로 자신을 설명하라는 문항에서 가장 많이 당혹스러움을 느낀다. 다른 문항은 난이도가 높아도 어떤 내용을 써야 하는지 정도는 말해준다. 하지만 이런 유형의 질문은 무엇을 말해야 하는지조차 가늠하기 어렵다. 이럴 때 가장 무난한 방법은 자기소개서 내에서 보여주지 못한 자신만의 강점을 하나 더 제시하는 게 좋다. 앞에 4개 문항에서 직무 적합성을 말했다면 5번 문항에서는 일반적인 성향을 소개해보자. 보편적인 가치관을 통해 자기 실력을 다시 한번 증명하는 방법이 가장 바람직하다. 4번까지가 볶음밥이라면 5번 문항은 짬뽕 국물이다. 다르지만 나머지 문항과 잘 어울리는 요소를 활용하자.

카카오 자기소개서로
IT기업 입사하기

카카오 자기소개서를 살펴보면 IT기업 채용 동향을 살펴볼 수 있다. 급속도로 성장하는 회사임과 동시에 문항 자체가 직무 전문성을 물어보는 경우가 많기 때문이다. 카카오 자기소개서를 살펴보면 다른 IT기업 지원 시에도 활용 가능하니 잘 살펴보도록 하자. 주의해서 살펴봐야 할 점은 자기 이야기를 매력적으로 포장하는 방법이다. 같은 콘텐츠라도 어떤 포장지를 쓰냐에 따라 느낌 자체가 달라진다. 경험은 바꿀 수 없지만, 소개하는 방식은 변형할 수 있다. 인사담당자에게 선택받으려면 자기소개서 메이크업이 필요하다. 다음 사례를 같이 살펴보며 그 방법을 배워보자.

1. 카카오커머스 자기소개서

카카오커머스에 지원한 동기와 경력을 기준으로 자신을 간략하게 소개해주세요(1,000자 이내).

카카오커머스에서 애플의 가치를 구현

회색 배경에 하얀 사과 하나. 단순하면서도 직관적인 애플의 가치를 잘 보여줍니다. 사람들이 애플을 좋아하는 가장 큰 이유는 디자인입니다. 애플만의 심플하면서도 고급스러운 디자인이 인기를 얻고 있습니다. 성공적인 디자인을 하기 위해선 '더하기'보단 '빼기'에 능해야 합니다. 누구나 노력하면 아름다운 결과물을 만들 수 있지만, 이를 통해 브랜드가 지닌 가치를 전달할 수 있는 건 단순함에서 비롯됩니다. 피카소가 그림을 그릴 때 최소한의 요소만 남기고 모두 제거한 것과 같이 카카오커머스도 어떤 부분을 덜어내야 할지 고민이 필요합니다.

'질적 쇼핑'은 카카오커머스의 핵심 가치입니다. 질적 쇼핑을 위해서는 고객 맞춤형 서비스 제공이 필수입니다. 하지만 카카오커머스의 서비스는 개인보다는 일반적인 상황에 맞춰 상품을 분류합니다. 주제를 선택하지 않아도 수요에 맞는 상품을 제공하는 서비스가 최종적으로 나가야 할 방향입니다. 필요하지 않은 상품을 고객 화면에서 얼마나 덜어내는지가 추후 성공을 결정할 것입니다. 검색어 기능과 추천 상품만 제시해 고객이 편리하게 쇼핑할 수 있는 환경 구축이 필요합니다. 저는 개발팀과 협업해 좋은 성과를 창출한 경험이 있기에 해당 서비스를 구축할 수 있습니다.

두 개 기업에서 근무하며 실무 역량을 키웠습니다. A기업에서는 글로벌 사이트 UX/UI를 개선했습니다. Phase 5에서 6으로 버전을 향상시켰습니다. 부족했던 UI와 사이트 사용자 경험, Web Flow를 분석했습니다. 분석 결과와 클라이언트 및 사업부 니즈를 중첩시켜 사이트 구조를 개선했습니다. B기업 근무 시에는 Android와 iOS 두 가지 디바이스 모두에 적합한 UI 개선 작업을 진행했습니다. 포괄적으로 디자인하는 법을 배웠습니다. 이와 같은 실무 역량을 활용해 카카오커머스에서도 고객 지향적인 환경을 구축하겠습니다. 기업 가치를 극대화할 수 있는 디자인을 고안해서 매출 증가에 이바지하겠습니다.

전문가 해석

기업의 가치를 정의한 후 그 이유를 설명하고 있다. 단순한 사실을 바탕으로 기술하지 않고, 자기 생각을 담았다는 점에 주목하자. 성공적인 디자인에 대한 철학을 제시하고, 왜 카카오커머스가 이에 부합하는지 말한다. 그 후에 자신이 이바지할 수 있는 방안을 부연 설명함으로써 자연스러운 흐름을 만들어냈다. 자신이 추구하는 가치와 기업이 이에 부합하는 이유, 자신이 기업에 기여할 수 있는 방안 모두를 포함한다면 여러분도 합격할 수 있다.

2. 카카오게임즈 자기소개서

지원하신 분야에 합격하신 후 어떤 일들에 도전해보고 싶으신가요?(최소 500자)

블록체인 기반 게임 상용화

블록체인 게임 상용화를 이루고 싶습니다. 블록체인 게임 개발 플랫폼에서 근무하며 40개 이상의 게임 회사가 엔진 플랫폼을 사용해서 사업에서 성공하는 모습을 확인했습니다. 국내에서는 규제 관련 문제로 블록체인 서비스를 제공하기 어려운 상황입니다. 블록체인을 단순히 암호화폐로 생각하기 때문에 발생하는 문제라고 생각합니다. 카카오게임즈와 같은 대형 회사는 여건만 가능하다면 충분히 블록체인 기술을 활용한 게임 개발이 가능한 상황입니다. 결국, 사회적 인식 문제입니다. 블록체인 기술의 긍정적인 면도와 다양한 활용성을 홍보해 블록체인 기반 게임 실현에 기여하고 싶습니다. NFT기술과 멀티버스와 같은 컨셉은 기존 게임에서는 실현할 수 없습니다. 같은 캐릭터가 여러 게임을 넘나들며 플레이하는 모습은 아직도 잊지 못합니다. 게임을 위한 하나의 인격체 형성과 거래 및 확률 투명성이 확보된 아이템 출시 등 블록체인을 활용한 게임 개발은 미래 가치가 큰 산업입니다.

규제가 풀려도 실사용자가 해당 게임을 어떻게 받아들이는지가 중요합니다. 얼리어답터가 실제 플레이한 후 긍정적인 반응을 커뮤니티에 공유하려면 적절한 사전 지식 전달이 필요합니다. 이를 위해 새로운 편의 기능과 서비스 신뢰성을 강조한 홍보 컨텐츠를 생산하겠습니다. 단순히 게임 홍보를 하기보다 기존 게임과 어떤 부분에서 차별화가 있고, 최적의 플레이 환경을 구축하는 방법 등 정보성 콘텐츠를 생산해 고객 만족도를 높이겠습니다. 또한, 그들의 문화와 언어를 이해하기 위해 각종 커뮤니티를 살펴보며 수요를 지속적으로 파악하겠습니다. 홍보의 핵심은 가치 있는 정보 전달입니다. 블록체인이라는 새로운 기술이 낯선 만큼 언론매체, 홍보대행사, IT 기업과 협업해서 전방위적으로 홍보 활동을 진행하겠습니다. 국내 블록체인 게임 도입의 첫 시작을 카카오게임즈에서 할 수 있도록 대내외적으로 노력하겠습니다.

전문가 해석

카카오게임즈가 당시 주목하고 있던 블록체인 사업을 언급했다. 입사 후 계획을 묻는 문항에서 중요한 부분은 회사를 분석한 후 이에 적합한 해결책을 제시해야 한다는 점이다. 추상적으로 쓰면 진정성이 없어 보인다. 여러분이 지금 노트북이 필요한데 냉장고에 대해 이야기한다면 관심도가 낮아질 수밖에 없다. 이를 기억하고 회사가 어떤 부분에 관심을 갖는지 조사를 먼저 하자. 기업에 관심을 기울여야 기업도 여러분에게 집중한다.

자율형 자기소개서
쉽게 쓰는 비결

백문이 불여일견. 성장 과정이나 성격 장단점 문항은 합격 자기소개서를 살펴봐야 이해하기 쉽다. 특히, 성장 과정은 쓰는 방법을 알아도 직접 작성하려면 어려움을 겪는 경우가 많다. 모범 사례를 통해 어떻게 흐름을 풀어나가는지 살펴보자. 성장 '과정'인 만큼 학창 시절을 전반적으로 모두 다 기술해야 한다는 점도 잊지 말자. 성격 장단점은 단점을 어떻게 극복했는지에 집중해서 작성해야 한다는 사실을 잊지 말자. 지원 동기의 경우 기업마다 달라서 그 문항은 빼고 성장 과정과 성격 장단점을 위주로 살펴보고자 한다. 다음 사례를 하나씩 살펴보며 올바른 작성 방법을 알아보자.

1. 성장 과정

결과는 태도가 결정한다

끊임없이 노력하는 삶을 살았습니다. 어린 시절부터 부모님께서는 결과보다는 과정을 중요시했습니다. 좋은 성적을 받은 걸로 칭찬을 받은 적은 없지만, 어려운 일에 끝까지 도전하는 모습은 긍정적으로 평가하셨습니다. 자연스레 어떤 일을 하고 난 후 '최선을 다했는지' 스스로 돌아봤습니다. 이와 같은 삶의 태도는 성인이 된 후 좋은 영향을 미쳤습니다. 가장 기억에 남는 사례는 영국으로 워킹 홀리데이를 떠났을 때 핵심 직원으로 인정받은 일입니다. 당시 영국의 한 호텔에서 하우스키퍼로 근무했습니다. 객실 손님과 마주치지 않고, 간접적인 서비스를 제공하는 업무를 담당했습니다. 예약 일정에 맞춰 제한된 시간 내 객실을 정리해야 했습니다. 평소에는 어려움이 없었습니다. 문제는 성수기에 수많은 손님이 몰릴 때였습니다.

문제 극복을 위해 '체력'과 '인력'을 사용했습니다. 몸을 바삐 움직여야 했기에 체력이 업무 성과를 결정했습니다. 초반에는 일 끝나고 아무것도 하기 싫어서 휴식에만 집중했습니다. 시간이 지날수록 몸에 무리가 간다는 느낌을 받았습니다. 운동이 필요하다는 생각했습니다. 출근하기 전과 퇴근 후 한 시간씩 달리기로 결심했습니다. 야외에서 달릴 공간이 많았기에 가장 적합한 운동이라고 생각했습니다. 주변 환경을 경험할 수 있다는 점도 달리기를 선택한 이유였습니다. 운동을 시작한 초기에는 오히려 피로감이 증가했습니다. 아침에 일찍 일어나야 했기에 피곤함이 커졌습니다. 포기하고 싶은 마음이 커질 찰나 눈에 띄게 체력이 좋아졌음을 느꼈습니다. 집에 와도 피곤하지 않았습니다. 남는 체력으로 퇴근 후 영어 공부를 할 수 있었고, 한국에서 목표했던 토익 점수를 얻는 데 큰 영향을 미쳤습니다.

체력을 기름과 동시에 직원들과 친해지려 노력했습니다. 다양한 국가 직원들이 일했기에 서로 친하지 않았습니다. 말을 하기도 어려워서 대부분 인사만 하는 정도였습니다. 가끔 업무상으로 부탁할 일이 있어도 가깝지 않아서 제가 직접 처리하는 경우가 많았습니다. 직원들과 친해진다면 좀 더 효율적으로 업무를 처리할 수 있다고 생각해 먼저 다가가기 시작했습니다. ""Hello. How's it going?"으로 시작한 문장이 사람들의 마음을 열었습니다. 서로 공통점을 찾으려고 노력했습니다. 오래 근무한 직원이 많아 한국 문화를 잘 알고 있었습니다. '치맥'이라는 단어를 외칠 정도였습니다. 퇴근 후 한국 치킨집에서 저녁을 함께하며 개인적으로 가까워졌고, 좋은 분위기 속에서 업무를 진행할 수 있었습니다.

노력한 결과 하우스키핑팀 핵심 인재로 뽑혔습니다. 저를 중심으로 업무 분담 및 실행이 이뤄지는 모습을 주인이 긍정적으로 평가했습니다. 펜트하우스와 VIP객실 청소 및 관리를 담당할 정도로 인정받았습니다. 방 관리라는 단순한 업무 속에서도 배울 점이 있음을 깨달았습니다. 해당 경험이 가장 기억에 남는 이유는 언어라는 장벽과 익숙하지 않은 환경에서도 노력해서 좋은 성과를 만들었기 때문입니다. 특히, 함께 일했던 직원들은 현재도 연락할 정도로 깊은 관계를 맺었습니다. 결과를 결정하는 건 태도라는 사실을 배웠던 소중한 기회였습니다. 외국에서도 위기를 극복한 만큼 국내 활동에서는 더 좋은 성과를 창출할 수 있음을 확신합니다.

전문가 해석

'포기하지 않고 끝까지 한다'라는 가치를 제시한 후 그걸 어떻게 삶에서 발휘했는지 설명하는 형식으로 글을 작성했다. 특별한 경험인 워킹 홀리데이에 집중하는 전략은 흥미를 끌기 위해 적합한 방식이다. 이처럼 돋보기로 자기 삶에서 어떤 부분을 비출지를 고민해야 한다. 그 부분은 좋은 성과를 창출한 내용이 포함되어 있어야 한다. 합격 자기소개서에서는 '하우스키핑 팀 핵심 인재'로 뽑힌 부분이 우수한 결과다. 여러분도 어떤 부분을 위주로 기술할지 고민한 후 작성해보자.

2. 본인의 성격 및 장단점

결과를 결정하는 것은 능력보다는 '이것'

가장 큰 장점은 '끈기'입니다. 한번 시작한 일은 목표를 달성할 때까지 끝까지 합니다. 사소한 일에도 최선을 다하는 모습을 이해하지 못하는 사람도 있었습니다. 업무의 중요성보다는 저에게 미칠 영향을 생각했습니다. 한번 포기하거나 대충 하기 시작하면 안 좋은 습관을 형성할 거라 판단했습니다. 노력은 거짓말을 하지 않았습니다. 최선을 다하면 그만큼 결과로 보상했습니다. 주변에서 어떻게 그런 결과를 만들었냐고 묻는 경우가 많습니다. 그럴 때마다 현재에 집중하라고 조언을 합니다. 단순한 조언에 실망감을 비치지만, 본질은 단순하다고 생각합니다. 다이어트를 하려면 식단 조절하고 운동하면 되는 것처럼 단순함이 결국 변화를 만들어냅니다. 이와 같은 태도를 유지해 목표를 성취했던 경험이 있습니다.

빅데이터 공모전 입상이 그 주인공입니다. 과거, 빅데이터 교육 과정에 참여해 다양한 프로젝트에 참여했습니다. 빅데이터는 분석, 해석, 시각화 등 다양한 부분을 신경 써야 했기에 학습 난이도가 높았습니다. 오랜 군 생활 후에 참여한 활동이라 더 어려움을 겪었습니다. 이해하기 어려우면 다 외운다는 생각으로 기본서 한 권을 암기했습니다. 기본서만 3회 이상 반복하며 완벽하게 내용을 익혔습니다. 이를 바탕으로 심화 내용을 학습했습니다. 처음에는 이해가 전혀 가지 않았던 부분들도 반복 학습을 하자 흐름이 보이기 시작했습니다. 열심히 노력한 결과, 서울특별시 빅데이터 공모전 본선 진출이라는 결과를 만들어냈습니다. 꾸준히 학습한 사람들보다 더 좋은 성과를 얻었다는 사실에 감격했습니다. 공모전 경험을 통해 포기하지 않으면 이루지 못할 건 없다는 사실을 배웠습니다.

단점은 멀티태스킹 역량입니다. 한 가지 일에 집중하는 편입니다. 여러 가지 일을 동시에 하지 못합니다. 이와 같은 성향은 군 생활에 치명적으로 작용했습니다. 부대 특성상 상급자가 지시를 하달하면 계획보고, 중간보고, 최종보고와 같이 총 세 번을 보고해야 합니다. 임무 수행에 열중해 보고를 놓치는 경우가 발생했고, 이에 지적을 받았습니다. 능력보다는 보고 여부로 결과를 평가받자 해결 방안을 찾기 시작했습니다. 원인을 분석해보니 한 가지 업무에 집중하면 다른 업무는 망각하는 문제가 있었습니다. 이를 해결하기 위해 모든 지시 사항을 메모하고, 보고 순서도를 만들었습니다. 단계를 거칠 때마다 표시했습니다. 그 후로는 단 한 차례도 보고를 놓치는 경우가 없었습니다. 이를 인정받아 부대 회의에서 대대장님은 포대장님에게 "계속 군 복무를 하려면 김중사만큼 해야 한다"라며 높게 평가했습니다. 현재도 어떤 일을 하기 전에 기록하는 습관을 유지하고 있습니다.

전문가 해석

두괄식으로 성격 장단점을 기술하는 건 기본 공식이다. 장점을 먼저 제시한 후 단점을 기술하면 된다. 끈기라는 흔한 가치관을 제시했지만, 그 뒤에 빅데이터 공모전이라는 자신만의 경험을 제시함으로써 문항을 특별하게 만들었다. 단점은 멀티태스킹 역량을 제시했다. 멀티태스킹은 모든 사람이 불가능한 요소이기도 하다. 그런 당연한 단점을 제시한 후 메모와 순서도를 통해 극복했다는 사실을 보여주며 위기 대응 능력을 보여줬다. 대부분 사람이 겪고 있거나

치명적이지 않은 항목 안에서 하나 선택한 후 자신만의 방식으로
해결했다는 점을 보여주면 서류 합격률이 올라간다.

취업 준비생이 가장 많이
물어본 질문 TOP3

자기소개서를 5,000건 이상 진행하다 보니 대부분 같은 고민을 하고 있다는 사실을 발견했다. 그만큼 공통으로 궁금해하는 사항이라고 생각한다. 해당 질문에 답변하며 여러분의 궁금증을 해소해주고자 한다. 선정 기준은 중요도순으로 뽑았다. 다양한 질문이 있었지만 "직무 분석 없이 자기소개서를 쓰면 안 되나요?"라던지 "제가 글을 못 써서 그런데 전부 다 소설로 써주시면 안 될까요?"와 같은 질문은 생략했다. 마음만 먹으면 기본 인적사항만으로 합격할 수 있는 자기소개서를 써줄 수도 있다. 하지만 문제는 면접이다. 면접에서 자기소개서와 다른 말을 해서 불합격하는 경우를 많이 봤다. 문장이나 흐름 정도는 수정해도 상관없지만, 내용 전체를 꾸미는 건 추천하지 않는다. 윤리적으로도 옳지 못한 행동이다. 그럼 다음 세 가지 질문을 살펴보며 취업 이해도를 높여보자.

Q1. 통합 자기소개서 하나로 여러 곳 지원해도 될까요?

통합 자기소개서로 쓰는 건 시간 낭비다. 취업하기 위해 자기소개서를 100개를 썼다는 전설을 들어본 경험이 있을 거다. 단순히 사실만 살펴보면 대단하다고 생각할 수 있다. 실체를 살펴보면 여러분도 충분히 가능할 정도로 쉽다. 일단, 통합형 자기소개서를 쓴 뒤 하나로 계속 지원하면 된다. 요즘 대부분 채용 사이트에서 즉시 지원기능이 있어서 마음만 먹으면 1시간 안에 50개 이상 기업에도 지원 가능하다. 2시간이면 100개 기업에 지원할 수 있다. 운이 좋으면 5개 이하 기업에서 연락이 온다. 그렇게 취업한 사람들 대부분이 후회한다. 이유는 다음과 같다.

그렇게 대충 지원해도 합격했다는 건 기업 채용 시스템에 문제가 있다는 거다. 허술한 시스템을 통해 채용한 사람들이 모인 집단은 뛰어나지 않을 확률이 높다. 입사 첫날부터 화장실 청소했다는 괴담이 도는 이유도 그런 과정을 통해 직업을 구한 경우가 많다. 지원하기만 해도 합격하는 기업의 문제점은 근무 조건이 좋지 않다는 점이다. 필자도 강남에 있는 게임 회사에 면접을 보러 갔을 때 유사한 경험을 한 적이 있다. 채용 공고상으로는 좋은 비전을 가진 회사처럼 보였다. 면접에 참여해보니 도박성 게임을 만드는 회사였다. 연봉은 석사 기준 2,600만 원이라고 했다. 이런 회사가 생각보다 많다.

기업 채용 시스템 문제가 아니라면 급하게 사람을 뽑는 경우가 많다. 갑자기 퇴사자가 발생했는데 그 자리를 대체할 사람이 없는 거다. 지원하는 순서대로 서류 합격시키는 회사도 있다. 어떤 기업은 면접 본 후 하루 만에 연락이 와서 그다음 날 출근이 가능한지 묻는 곳도 있다. 그런 회사가 다 나쁜 곳은 아니지만, 합리적으로 생각했을 때 근무 조건이 좋지 않을 가능성이 높다. 취업은 확률 게임인 만큼 다양한 방면을 고려한 후 결정해야 한다. 잘못된 선택은 여러분 커리어 전체에 악영향을 미칠 거다. 안 쓰면 공백, 쓰면 단기 취업이라는 진퇴양난의 상황에 빠지지 않으려면 들어가기 전에 생각하자.

2. 연봉 협상은 어떻게 해야 하나요?

채용 공고를 살펴보면 대부분 '회사 내규에 따름'이라고 기재되어 있다. 회사 규정에 따른다는 건데 취준생 입장에서는 답답하다.

시간이 부족한 만큼 서류 지원과 면접도 선택적으로 해야 한다. 선택에 큰 영향을 미치는 건 연봉이다. 아무리 좋은 조건으로 근무를 해도 연봉이 낮으면 가기 망설여진다. 조심해야 할 점은 첫 연봉이 이직 후 연봉에도 큰 영향을 미친다는 점이다. 여러분이 2,400만 원 받은 후 3년 후 이직한다고 가정해보자. 다음 직장에서 많아 봐야 3,000만 원 초반을 받는다. 첫 직장에서 3,000만 원 받고 시작한 사람을 따라잡기 어려운 이유다. 섣부르게 판단하지 말고 가능한 한 높은 초봉을 받도록 노력해야 한다.

그럼 이 초봉을 높이는 팁을 알려주고자 한다. 보통 연봉 협상은 최종 면접 후에 한다. 신입사원 OT를 받기 직전에 하는 경우가 많다. 이때 근로 계약서를 잘 살펴봐야 한다. 세후 월급이 얼마인지 계산해보고 200만 원 이하라면 협상을 시도하는 게 좋다. 회사도 이미 사람을 채용한 상황이라 다시 뽑기 어렵다. 이럴 땐 직설적으로 말하자. 자신이 원하는 금액을 말한 후 타협점을 찾아가는 거다. 자신이 지닌 가치가 제시한 금액 이상임을 증명하면 된다. 자격증, 공모전 수상 내역, 인턴 경험 등을 활용하자. 없다면 어떤 이유라도 만들어야 한다. 연봉 협상도 비즈니스다. 만약 납득하기 어려운 조건이라면 입사를 하지 않는 것을 추천한다. 대부분 사회 초년생이 회사가 제시하는 기준에 따르지만 연봉 계약은 협상을 통해 이뤄져야 한다는 사실을 잊지 말자.

3. 기업과 직무 중 어느 사항에 더 집중해야 할까요?

둘 다 중요하지만, 개인적으로는 기업이 중요하다고 생각한다. 입사하기 전에는 직무에 대한 이해도가 낮다. 여러분이 생각하는 영업이나 마케팅과 실제 현장에서 벌어지는 일은 전혀 다를 거다. 필자 역시 마케팅팀에 근무 당시 업무에 대한 동경이 깨지는데 일주일도 걸리지 않았다. 창의적인 업무보다는 단순히 반복 작업하는 경우가 많았고 지루했다. 실제로 아이디어를 내는 회의를 해도 신입사원 의견이 반영되는 경우는 없었다. 차라리 영업 직무가 더 좋았다는 생각이 들 정도였다. 마케팅도 기업에 따라 다른 업무를 한다. 본인이 온라인 마케팅을 선호하는데 오프라인 마케팅만 하는 회사에 입사한다면 업무가 지루할 거다. 이런 이유로 기업이 더 중요하다.

스타트업은 마케팅 직원이라고 해도 다양한 사무 업무를 함께 한다. 대기업은 마케팅 업무에서도 한 가지 영역만을 담당할 정도로 세분화된 일을 맡는다. 자기 성향을 고려한 후 선택해야 한다. 또한, 마케팅 직무로 입사했다고 해도 자기 적성에 따라 다른 부서로 이동할 수 있다. 필자가 다녔던 회사도 매년 부서 이동의 기회를 제공했다. 기업 문화가 좋고, 경쟁력 있는 회사라면 어떤 직무로 입사해도 장기 근무가 가능하다. 하지만 기업 자체가 자신과 맞지 않는다면 어떤 직무를 담당해도 빠르게 퇴사하는 경우가 많다. 기업보다 직무 변경이 쉽다는 사실을 기억하고 현명한 선택을 하자.

합격한 취업 준비생은
이런 특징을 지니고 있다

자기소개서 첨삭을 오랜 기간 하다 보니 대략 합격 감이라는 게 생겼다. 의뢰인과 간단한 대화만 해도 그 사람이 최종 합격까지 할 수 있을지 느껴진다. 일단, 문의하는 태도부터가 다르다. 기억에 남을 정도로 예의가 바르다. 한 의뢰인은 메시지 끝마다 '감사합니다'라는 단어를 붙였다. 말만 해도 그 사람 인성이 느껴졌다. 문자의 무서움이다. 아무리 자신을 속이려고 해도 그 안에 담긴 개인의 성향은 변화하기 어렵다. 이와 달리 대화가 아닌 싸움을 하려고 하는 사람도 있다. '불합격하면 어떡할 건데요?', '그렇게 작성하는 거 맞는 거죠?', '제 친구가 그러는데 그렇게 쓰지 말라던데요?' 말만 들어도 가슴이 답답해진다. 그런 사람 중에 최종 합격까지 가는 경우는 단 한 번도 못 봤다. 필자가 느낄 정도면 기업 인사담당자도 충분히 그 사람이 어떤 철학과 가치관을 지녔는지 파악했을 거다. 그 후에도 자기 부족함을 탓하기보다 외부 요인에서 문제를 찾아 오랜 기간 취업 못 하는 경우를 많이 봤다.

합격을 빨리하는 취업 준비생은 자료 전달부터 다르다. 원하는 내용을 정확하게 인지하고, 필요한 내용을 보낸다. 작성한 글을 살펴보면 그 사람이 얼마나 노력했는지 보인다. 작업자가 이해하지 못할까 봐 전문 용어에는 부연 설명을 하는 성의까지 보인다. 불합격하는 의뢰인은 자료 전달 자체를 귀찮아한다. 설명해줘도 최소한의 내용만 보낸다. 필자의 경우 작업 시작하기 전에 자기소개서 초안과 이력서를 전체적으로 살펴본 후 문항별 작성 가이드라인을 제공한다. 그 사람의 스토리가 합격을 이끌기 때문이다. 처음에는 사례만 보내달라고 했다가 진짜 어떤 일을 했다 정도로만 초안이 왔다. 그런 이유로 지금은 '상황, 문제, 능동적 행동(해결책), 결과'를 모두 적어달라고 상세히 설명한다. 그런데도 10분 안에 간략한 자기소개서 초안을 전달하는 사람이 있다. 확인해보면 한숨만 나온다. 자신이 한 경험을 예측해서 쓰거나, 소설로 써달라고 한다. 이런 경우 작업을 취소한다. 그 정도 마음가짐으로 접근하면 어차피 불합격한다.

실제로 그런 사람이 있냐고 물어보는 사람들을 위해 스토리 하나를 공유하겠다. 2020년 하반기 공채 시즌에 있었던 일이다. 한 의뢰인이 장문의 메시지를 보냈다. 본인이 2년 넘게 취업을 준비하고 있는데 서류조차 합격하지 못해 괴롭다는 내용이 주를 이뤘다. 해당 메시지를 받고 비용도 거의 받지 않고 자기소개서 첨삭 서비스를 해주기로 했다. 필자가 서비스하는 이유가 자기 경험을 표현하지 못해 취업에 실패한 사람들을 돕기 위해서인 만큼 사명감을 지니고 그를 도왔다. 시간이 지날수록 그 사람이 왜 취업을 못 하는지 느껴졌다. 자료를 요청하면 2~3일 정도 후에 보냈다. 이력서 같은 이미 가지고 있는 파일을 받는 데도 2일 이상의 시간이 걸렸다. 처음에는 그를 이해하려고 노력했다. 어차피 채용 마감일이 3주 정도 넘은 상황이라 줄 때까지 기다렸다.

문제는 서류 지원 마감 일주일 전에 발생했다. 자기소개서 내용에 인턴 경험을 추가하고 싶다고 연락을 받았다. 지원 동기 부분에 쓰면 좋겠다고 판단해서 연락을 기다렸다. 시간이 지나도 그는 해당 내용을 알려주지 않았다. 전화해도 무시했다. 마감일이 다가올수록 마음이 급해졌다. 2일 전까지 전달하지 못하면 기존에 작성한 내용으로 최종본을 만들겠다고 했다. 그래도 답이 없었다. 결국 인턴 경험이 빠진 상태로 최종안을 작성했다. 마감 하루 전날 오후 11시에 그에게서 연락이 왔다. 자신이 인턴 경험을 모두 작성했으니 지금 그 내용을 적어달라고 했다. 당시 다른 작업도 많은 상황이라

요청을 거절했다. '죄송하지만 지금은 힘들 거 같습니다. 해당 내용 없어도 합격할 수 있게 잘 작성해드렸습니다. 감사합니다.'

해당 메시지를 읽었지만, 그는 답장하지 않았다. 최종본을 메일로 보낸 후 결과를 기다렸다. 필자도 오랜 시간 투자해서 노력한 만큼 좋은 소식을 기다리고 있었다. 하지만 회신받은 메일에는 생각지도 못한 내용이 적혀 있었다. '결국, 그 기업 지원 안 했습니다. 어차피 합격 못 할 거 지원하기 싫더라고요. 그리고 자기소개서 첨삭 비용은 환불해주던지, 다른 기업 지원 시 다시 첨삭해주던지 둘 중 하나 선택해서 진행 부탁드려요.' 당혹감이 커서 화도 나지 않았다. 일주일 넘게 고생해서 작성해준 자기소개서를 제출조차 하지 않았다는 사실이 믿기지 않았다. 그에게 해당 자기소개서 비용은 이미 진행된 건이라 환불이 불가능하다고 말했다. 이와 동시에 한 시간 간격으로 전화를 받았다. "왜 못 해준다는 거죠? 서비스 진행 방식이 합리적이지 않으신 거 같은데요."

결국, 전액을 환불해줬다. 물론, 그의 말을 무시하고, 번호를 차단할 수도 있었지만 더 이상 그 일로 스트레스받기 싫었다. 참고로 서비스 비용은 5만 원에 진행했다. 해당 사건을 계기로 처음 상담 시 성향이 너무 공격적인 사람은 주문받지 않고 있다. 어차피 서류 합격을 도와줘도 면접에서 불합격할 것이고, 불필요한 감정 낭비를 하기 싫었다. 사전 방지를 위해 노력했는데도 매달 한 번 정도는 이와 같은 의뢰인을 만난다. 그들이 원하는 방향 그대로 작성해줘야 만족하는 그런 부류의 사람들이다. 데이터를 확인해보니 그럴 경우 불합격 확률이 80%가 넘었다. 이를 통해 인성은 과학이라는 말이 생각났다. 아무리 뛰어난 능력과 스펙을 지니고 있어도 결국 가치관이 올바르지 않으면 불합격한다. 본격적인 서류 지원 전에 자신을 한번 돌아보는 시간을 갖길 추천한다. 나는 과연 타인에게 어떤 사람인지 한번 돌아보는 것만으로도 언행이 달라진다. 스펙보다 자기 내면에 집중하자.

서류 지원에도 전략이 필요하다

서류에 합격하려면 속도보다 방향이 더 중요하다. 지금까지 한 작업 데이터를 바탕으로 살펴봤을 때도 무작정 지원한 사람보다 전략적으로 접근한 사람의 서류 합격률이 2배 이상 높았다. 방향성 없이 지원해서 합격하더라도 결국 이직을 고민하게 된다. 대학교 사례를 생각해보면 쉽다. 대부분 사람은 자신들의 적성은 무시당한 채 좋은 대학에 진학하기 위해 노력한다. 명문대에 진학하면 모든 일이 잘 해결될 거라 믿고, 학과와 상관없이 대학 간판만 보고 지원한다. 그렇게 진학한 대학에서는 정확한 방향성을 잡지 못해 방황한다. 고등학생 시절에는 대학이라는 뚜렷한 목표가 있었지만, 대학생 시절에는 자신이 원하는 길을 스스로 찾아야 한다. 본인이 정치에 관심도 없는데 정치외교학과에 진학해서 관련 분야로 취업을 고민하다가 다른 직업을 찾기 시작한다. 긴 방황의 시작이다.

직업에 대해 고민한다면 좀 더 바람직한 경우라고 볼 수 있다. 나중에라도 학과를 바꿔 새로운 분야로 방향을 잡을 수 있기 때문이다. 문제는 그런 생각도 없이 아무 곳이나 지원할 때 발생한다. 실제 필자가 서비스했던 두 명의 사례를 비교해보며 전략의 중요성을 알아보도록 하자. A씨는 25살 남자였다. 그는 첫 취업인 만큼 도움이 많이 필요하다고 했다. 문제는 자신이 어떤 걸 원하는지 전혀 모른다는 점이다. 학점은 4.3점을 보유하고 있었지만 다른 대외활동 경험은 전무했다. 전형적인 모범생 스타일이었다. 서울 상위권 대학에 진학할 수 있었던 이유도 착실하게 학업에 몰두했기 때문이다. 하지만 그는 부모님의 영향을 많이 받았다. 그들이 원하는 대학과 학과에 진학해서 방향성 없는 삶을 살고 있었다. 그러다 4학년이 됐고, 다양한 기업에 지원했음에도 단 한 곳도 합격하지 못했다. 그런 상황에서 필자를 찾았다.

자기 분석을 먼저 해보라고 말했다. 자신이 어떤 부분이 부족한지 알아야 해결 방안을 모색할 수 있다고 조언했다. 자기 분석표를 토대로 살펴보니 방향성이 부족하고, 직무 관련 경험이 없다는 문제를 스스로 깨닫게 도왔다. 그가 제출한 내용을 살펴보니 회계 직무가 적합하다는 사실을 발견했다. 경영학과에서 공부하며 회계 과목에 가장 흥미를 느꼈다고 언급했고, 해당 과목 학점도 만점이었다. 수강 내역에서도 그의 적성을 확인할 수 있었다. 대부분 회계 관련 과목만 들었다. 자료를 확인한 후 상담을 진행했다. 예상과 같이 숫자를 좋아한다고 말했다. 다음 과제로 회계 관련 자격증을 하라고 했다. 석 달 기간을 줬고, 총 3개의 자격증을 취득할 수 있게 도왔다. 그 후 관심 있는 업계를 찾아보라고 했다. 방송사 쪽에 흥미가 있음을 확인했다. 엑셀을 활용해 방송사 채용 공고를 한 가지 파일에 취합했다. 그 후 일정에 맞춰 회계직에 지원했다. 그는 6개월 만에 자신이 원했던 방송계 회계 부서에서 근무를 할 수 있게 됐다.

B씨는 27살 여자다. 그녀는 A씨보다 방향성이 뚜렷했다. 웹디자인 분야 관련 활동만 해왔다. 공모전 수상 경력도 있고, 자격증도 3개 정도 보유했다. 필자는 그녀에게 모 대기업 인턴을 추천했다. 바로 정직원으로 입사하기에는 위험 부담이 있는 만큼, 반드시 취업하고 싶은 기업의 인턴으로 먼저 근무하라고 했다. 채용 공고를 살펴보니 때마침 인턴 직원을 모집하고 있었다. 그녀는 필자의 제안을 받아들였다. 그에 맞춰 면접과 자기소개서 컨설팅을 진행했고, 인턴에 합격했다. 1년이 지난 후 다시 그녀에게 연락이 왔다. 해당 기업 정직원 자리에 도전하고 싶은데 도움을 달라고 했다. 인턴까지 한 만큼 충분히 합격 가능성이 크다고 판단했고, 기존과 같

이 도움을 제공했다. 결과는 당연히 합격이었다.

이와 같은 사례를 살펴보면 전략이 얼마나 중요한지 체감할 수 있다. 자신이 어떤 것을 좋아하는지도 모르는 상태에서 무작정 지원하는 것은 눈 감고 공 던지기나 마찬가지다. 운 좋게 목표 근처를 맞출 순 있지만 정확성이 떨어진다. 자기 분석표가 중요한 이유다. 자기 분석표를 토대로 자기 강점을 발견하고, 경험을 정리해야 한다. 그 후 어떤 업종에서 근무할지 생각해보자. IT를 좋아하는데 화장품 회사에 취업하면 회사 생활 만족도가 낮아진다. 실제로 한 의뢰인은 산업 선정 문제로 다른 기업으로 이직을 희망하기도 했다. 생각보다 어떤 분야에서 근무하는지가 중요하다.

마지막으로 자신이 어떤 규모의 기업을 희망하는지 생각해보자. 대기업 입사를 원한다면 해당 기업 인턴으로 먼저 활동해보는 전략도 나쁘지 않다. 인턴으로 활동하면 그 기업의 문화를 알 수 있고, 자신과 적합한 곳인지 파악할 수 있다. 정직원이 되기 위해 많은 시간을 투자했는데 막상 자신과 맞지 않는 곳이라고 느낀다면 그땐 돌아오기 더 힘들다. 방학 기간을 활용해 인턴이나 아르바이트를 해본다면 좀 더 쉽게 취업할 수 있다. 필자가 근무했던 회사에서도 아르바이트하다가 정직원으로 채용된 경우가 많았다. 아르바이트라도 그 사람의 성향을 파악할 수 있기에 좋은 능력을 지닌 사람에게는 먼저 제안한다. 방향을 어느 정도 정했다면 그때부터는 적극성 싸움이다. 어떤 방법을 써서라도 기업과 가까워지려고 노력해보자. 움직여야 기업도 여러분을 발견한다.

| 5장 |

서류 합격한 후
반드시 해야 할 것들

WE ARE HIRING

면접 합격률 200% 향상 비결

1,900대 5. 필자가 처음 근무한 기업에 지원했을 당시 경쟁률이다. 비현실적인 숫자를 보고 자신감을 잃었다. 사실 서류 통과도 기대하지 않았다. 필자는 25살이었고, 스펙도 언론사 인턴과 토익 점수가 전부였다. 대학도 졸업하지 않은 사람을 채용하려는 기업은 많지 않았기에 당연히 떨어질 거라 생각했다. 하지만 결과는 합격이었다. 서류 통과의 기쁨을 느끼기도 전에 면접이라는 벽을 만났다. 면접은 자신 있었지만 높은 경쟁률 때문에 걱정이 커졌다. 어차피 떨어져도 본전이라는 생각에 준비 없이 면접에 참여했다. 정말, 단 1분도 준비하지 않았다.

무식하면 용감하다는 말이 있다. 그 당시 필자의 모습이 딱 그랬다. 면접은 회사 임원 두 명과 진행했다. 정장을 입은 모습에서 위엄이 느껴졌다. 지금 생각해보면 평범한 사람들인데 그 당시 필자에게는 오르지 못할 산처럼 높아 보였다. 면접은 3인 1조로 진행됐다. 시간이 남아 같이 면접을 보는 사람들과 잡담을 나눴다. "신입이세요?" 딱 봐도 경력직처럼 보이는 사람이 필자에게 물었다. "네, 그쪽은요?" 예상과 같이 그는 경력이 5년이나 있었다. 심지어 공립 학교 선생님이었다. 개인적으로는 선생님이 더 좋은 직업처럼 느껴졌지만, 해당 지원자는 지금 선택이 당연한 것처럼 말했다. 다른 한 명은 박사 학위를 지니고 있었다. '왜 신입 지원에 이런 사람들이 지원하는 거야? 망했다.'

마음을 비운 만큼 자신 있게 면접에 임했다. 옆에 두 명은 긴장한 모습이 표정에서 느껴졌다. 이와 달리 필자는 하고 싶은 말을 속 시원하게 다했다. "제가 학생인데, 회사 측에서 기다려주실 수 있나요?", "어떤 일을 해도 항상 좋은 결과를 창출한 만큼 입사만 한다면 실력으로 증명하겠습니다!"와 같이 과감한 발언을 했다. 목소리도 이상할 정도로 자신감 넘쳤다. 임원진이 오히려 당혹스러워했다. 임원 중 한 명이 필자의 이런 태도를 긍정적으로 평가했고, 다양한 질문을 했다. 느낌만으로도 1차 면접은 합격할 거라는 게 느껴졌다. 그 상황을 즐겼고, 큰 문제없이 면접을 마무리했다.

3일 정도 지난 후 합격 문자를 받았다. 하지만 면접이 두 번 더 남아 있었다. 필자는 '차별성'을 형성할 방법을 고민하기 시작했다. 다른 지원자가 뛰어난 만큼 나만의 특색을 만든다면 합격률이 올라 갈 거라고 생각했다. 영업/마케팅 직무에 지원한 만큼 마케팅 분석 보고서를 파워포인트로 만들었다. 언론정보에 재학 중이었던 만큼 파워포인트 디자인만큼은 자신 있었다. 회사 마케팅 문제점을 지적 했고, 해결 방안을 제시하는 형식으로 내용을 구성했다. 보고서를 작성하다 보니 시간은 빠르게 흘렀고, 마침내 면접 날이 다가왔다.

2차 면접부터는 좀 더 진중하게 참여했다. 합격 가능성이 커진 만큼 최선을 다했다. 1분 자기소개 시간에 필자가 숨겨둔 비장의 무기를 꺼냈다. "죄송하지만, 제가 준비한 자료를 보여드려도 될까 요?" 면접관은 궁금해하며 필자의 제안을 수락했다. 해당 자료를 바탕으로 면접을 진행했고, 만족스러워하는 모습을 확인했다. "이 런 점은 흥미롭네요. 어떻게 해당 자료를 찾아냈죠?" 면접은 30분 간 진행됐는데 주로 필자에게 질문을 했다. 그 결과, 생각보다 쉽 게 2차 면접에 합격할 수 있었다.

3차 면접은 회사 대표 앞에서 진행되는 만큼 더 긴장감이 커졌 다. 면접 당일 경쟁자들을 확인해보니 남자는 5명뿐이었다. 이 중 3명만 뽑는다고 했다. 차라리 처음처럼 경쟁률이 높으면 현실성이 없어 근거 없는 자신감을 보일 수 있었겠지만, 목표가 눈앞에 보여 숨이 가빠질 정도로 부담감이 커졌다. 여기서 떨어지면 오랜 기간 슬럼프가 올 거라고 생각했다. 여자 지원자는 6명이었다. 그중 1명을 뽑는다고 했다. 다들 필자보다 나이가 많았고, 능력 있어 보였다. 사실 거의 반 포기 상태였다.

면접 순서를 확인해보니 가장 마지막이었다. 시간상 불리했다. 면접을 진행할수록 면접관들이 피로감을 느끼기 때문이다. 먼저 본 면접자들은 생각보다 표정이 밝았다. 마치 합격한 사람처럼 홀가분해 보였다. 말로는 면접을 망쳤다고 했지만 입은 웃고 있었다. 남자 지원자 중 한 명은 해외 대학 출신이었고, 나머지는 다 명문대를 나왔다. 필자는 학벌도 딸렸고, 스펙도 부족했다. 그들을 이기려면 결국 패기밖에 없다는 생각이 들었다. 1시간의 기다림 끝에 대표와 만날 수 있었다. 걱정과 달리 좋은 인상을 지니고 있었고, 편한 분위기 속에서 면접을 진행했다. 왜 다른 지원자가 밝은 모습으로 나왔는지 알 수 있었다.

"안녕하세요!" 면접이 본격적으로 시작된 후 필자가 처음으로 한 말이다. 마음속으로는 '안녕하십니까'를 수십 번 외쳤지만 정작 입 밖으로 나온 건 '안녕하세요'였다. 안 그래도 불리한 위치인데 아마 추어가 하는 실수를 했다고 생각했다. 무난하게 면접을 진행하며 불합격의 기운이 느껴졌다. 마치 손자에게 말하는 듯한 대표의 태도에서 불안감을 느꼈다. 포기하려던 차에 2차 면접 때 필자를 좋게 평가했던 임원이 들어왔다. 손에는 필자가 작성한 자료가 있었다. 그가 들어온 후 판도가 바뀌었다. 그는 필자가 해당 자료로 발표할 수 있게 도움을 줬고, 자신감을 되찾았다. 덕분에 면접을 성공적으로 마무리했다.

일주일이 지난 후 회사 총무팀에서 연락이 왔다. 결과는 합격이라고 했다. 현실감이 느껴지지 않았고, 행복하다는 생각만 들었다. 해당 사례를 살펴보면 왜 필자가 합격했는지 알 수 있다. 가장 큰 영향을 미쳤던 건 자신감이다. 당당한 태도는 어떤 면접에서든 긍정적으로 작용한다. 또 다른 전략은 회사 마케팅 보고서를 작성했다는 점이다. 사실 그 보고서가 없었다면 최종 합격은 어려웠을 것이다. 이와 같은 두 가지 전략을 활용한다면 합격 확률이 눈에 띄게 높아질 거다. 면접은 차별성이 중요하다는 사실을 염두에 두고 다양한 방법을 시도한다면 여러분도 빠르게 취업할 수 있다. 면접 합격은 생각보다 쉽다.

AI 면접 대비 비결

AI 면접은 노력의 영역이다. 내용을 잘 말하는 것도 중요하지만, AI에 높은 점수를 받는 방법을 알아야 한다. 일단 AI 면접이 어떤 건지 알아보자. AI 면접이란 인간 면접관 대신 인공지능 프로그램을 통해 면접을 보는 것을 말한다. 무례한 질문이나 공격적인 성향을 지니지 않았기에 좀 더 편안하게 면접을 볼 수 있다. AI 면접을 위해 컴퓨터, 마이크, 웹캠을 반드시 준비해야 한다. 기업이 접속 링크를 보내주면 거기에 들어가면 된다. 기본적인 개인정보를 입력한 후에 본격적인 면접이 시작된다. AI는 지원자의 표정, 목소리, 행동을 전반적으로 다 확인해서 점수를 준다. 처음에는 일반 면접과 유사하게 진행되는 만큼 큰 어려움이 없다.

그다음으로 게임을 진행한다. 말이 게임이지 IQ 테스트 같은 문제를 풀어야 한다. 감정 맞히기, 공 탑 쌓기, 공 무게 맞히기, 도형 위치 기억하기, 카드 뒤집기 등 머리를 써야 하는 문제가 나온다. 사실 대부분 게임 예측이 가능한 만큼 지능보단 노력으로 극복할 수 있다. 앱 스토어에 가서 해당 게임명을 입력하면 수많은 어플리케이션이 나온다. 그중 마음에 드는 것 하나 골라서 면접 때까지 연습하면 된다. 필자도 실제 시험 전까지 수백 번 연습을 한 결과, 실제 시험에서는 쉽게 진행할 수 있었다. 사실, 크게 어려운 부분은 아니지만, 준비 여부가 결과에 큰 영향을 미친다. 당일에 파악하려고 하면 이해하기도 어렵고, 미리 연습한 사람을 이길 수 없다.

가장 일반적으로 나오는 문제는 'N-BACK'이다. 필자가 가장 많이 연습한 유형이기도 하다. N-BACK 게임은 패턴 없이 제시되는 도형 및 숫자를 기억한 후 N번 째 이전의 사항을 맞추는 게임이다. 만약 2번째 뒤 숫자를 맞추는 형식이라면 '2-BACK'이다. 숫자가 높아질수록 난이도가 올라간다. 다양한 공략법이 인터넷에 올라와 있지만 그걸 볼 시간에 연습을 한 번이라도 더 하자. 연습할수록 신속 정확하게 답을 도출할 수 있음을 확인할 수 있을 거다. 하노이 탑도 많이 할수록 실력이 올라간다. 다만, 시간은 한정된 만큼 어느 부분에 더 많은 시간을 투자할 건지 전략적으로 접근해야 한다. 'N-BACK'이 가장 어려운 만큼 해당 게임을 중점적으로 하고, 나머지 게임에 40% 정도의 시간을 투자하자.

　AI 면접이 막연하다면 유료 서비스를 이용해보는 것도 한 가지 방법이다. 필자 역시 유료 서비스를 이용했다. 무료로 실력 테스트를 해주는 업체도 많고, 비용도 생각보다 비싸지 않다. 개인적으로는 유료 서비스는 투자라고 생각하고, 이용해보길 추천한다. AI 면접 서비스가 아직 국내에서 크게 발전하지 않은 만큼 모든 시험이 유사하게 나온다. 70% 정도는 같은 문제가 나왔던 걸로 기억한다. AI 프로그램 채점 방식 역시 유사해서 다양한 방법을 시도해보기 좋다. 목소리를 변화해보고, 어떤 표정이 가장 높은 점수를 얻는지 사전에 파악하고 간다면 생각보다 쉽게 합격할 수 있을 거다.

　AI 일반 면접 응시 중에는 가능한 한 밝은 목소리로 말하는 것이 좋다. 필자가 다양한 시도를 해봤지만 밝은 목소리일 때 가장 높은 점수를 받았다. 3차례 이상 반복 실험해봐도 같은 결과를 얻었다. 높낮이 변화 없는 목소리로 했을 땐 감점받았다. 표정도 중요하다. 무표정으로 하면 합격하기 어렵다. 가능한 한 입꼬리를 올리고 긍정적인 모습을 보여야 한다. AI가 웹캠으로 표정을 분석하는 만큼 약간의 미소를 유지해야 한다. 중간에 태도의 변화가 있어서도 안 된다. 면접을 진행하다가 긴장이 풀려 기존 모습이 나오는 경우가 있다. 그러면 신뢰도가 낮아져서 부정적인 영향을 미친다. 이 정도만 기억한다면 큰 문제없이 AI 면접에 합격할 수 있다.

AI라고 해서 특별한 건 아니다. 대부분 처음 접하는 유형이라 긴장하지만, 사실은 일반 면접보다 준비하기 쉽다. 일반 면접은 일단 어떤 문항을 물어볼지도 모른다. 또한, 각자 다른 방식으로 평가가 이뤄진다. A기업에서는 가산점을 받았던 행동이 B기업에서는 부정적으로 작용할 수 있다. 이와 달리 AI는 매번 같은 방식으로 평가한다. 공략법만 잘 알고 있으면 쉽게 통과할 수 있다. AI 면접은 노력 싸움이라고 생각하자. 아무리 똑똑한 사람이라도 연습하지 않고 가면 떨어진다. 보조 연습 도구가 많은 만큼 적절히 활용해보자. 1차 면접 합격 후에 준비해도 늦지 않다.

PT 면접, 템플릿만 알면
쉽게 합격한다

PT 면접은 기업과 관련 있거나 시의성 있는 주제를 선정한 후 그에 대한 발표를 통해 지원자의 역량을 확인하는 면접이다. PT 면접은 크게 두 부분으로 나눌 수 있다. '기획'과 '디자인'이다. 기획은 자기 생각을 논리적으로 정리한다면 높은 점수를 얻을 수 있다. 또한, PT 면접은 지식을 묻기보단 그 사람의 발표 역량과 문제해결 능력을 주로 보기에 대비하기도 쉽다. 내용을 빠르게 정리하면 상대적으로 발표 준비와 해결책 마련에 더 많은 시간을 투자할 수 있는 만큼 템플릿을 알고 있는 게 중요하다. 합격의 핵심은 구성 속도에 있으므로 다음 템플릿을 살펴보며 합격할 수 있는 비결을 알아보자.

[논리적인 PT 템플릿]

1. 문제 제기 또는 시장 분석

2. 원인

3. 해결책

4. 기대효과

이 순서대로 내용을 정리한다면 PT 면접 합격률이 최소 2배 이상 높아질 거다. 면접 당일에 해당 흐름처럼 빠르게 정리하려면 사전에 연습해야 한다. 사전 연습 방법은 기출 면접 질문 또는 시사 주제를 바탕으로 템플릿순으로 나열하면 된다. 최근 주목받고 있는 빅데이터 활용 방안을 예로 들어보자. 빅데이터 정의부터 접근하면 너무 거시적으로 변한다. 당연히 알고 있는 내용은 빼고, 기업에 맞춰서 작성해야 한다.

언론사를 예로 들어보자.

1. **문제 제기** : 주 52시간 근무 법령이 시행됐음에도 언론 특성상 지키기 어렵다.

2. **원인** : 언론사 수가 늘어나고 있는 만큼 속도 경쟁이 심해졌기 때문이다.

3. **해결책** : 효율성과 차별성 시각에서 접근 가능하다.

  – **효율성** : 단순 기사는 AI를 활용한다.

  – **차별성** : 빅데이터를 기반으로 좀 더 깊은 내용의 기사를 작성한다.

4. **기대효과** : 타 언론사가 놓치기 쉬운 심층 정보를 전달함으로써 시장에서 우위를 차지한다.

이 사례처럼 정리하는 습관을 지니다 보면 글쓰기 실력도 향상될 거다. 논리적인 사고 역량은 화술, 글쓰기 모두에 필요한 만큼 다양한 주제를 분석해보자. 필자도 PT 면접 전에 업종, 직무와 연관 있는 뉴스를 앞의 형식으로 정리하는 연습을 했다. 면접 PT 당일 준비했던 문제가 나왔고, 다른 경쟁자보다 빠르게 과제를 제출했다. 템플릿만 알아도 합격할 수 있는 이유가 여기에 있다. 미리 자료를 만들고, 발표 연습 시간을 늘림으로써 효율을 극대화하자. 디자인 준비도 간단하다. 미적 감각이 뛰어나지 않아도 된다. 자세한 방법은 다음과 같다.

발표 템플릿은 미리 이메일로 보내 놓자. '나에게 쓰기' 기능을 통해 저장해둔다면 면접 당일 디자인 스트레스를 줄일 수 있다. 발표 템플릿은 필자가 운영하는 카페에도 많고, 다른 합격자들이 무료로 공유한 자료도 쉽게 찾을 수 있다. 만약 좀 더 깔끔한 디자인을 원한다면 파워포인트 디자인 전문가에게 요청해도 된다. 크몽과 같은 프리랜서 마켓에 가면 다양한 전문가가 존재한다. 전문가에게 상황을 설명한 후 PT 면접에 필요한 디자인 템플릿을 만들어달라고 하면 고품질 템플릿을 전달해줄 거다. 본인이 디자인 역량이 뛰어나도 만드는 시간이 오래 걸리므로 미리 준비해두는 습관을 지니자. 시간을 줄여야 경쟁자보다 유리한 고지를 차지할 수 있음을 잊지 말자.

가장 적절한 면접 준비 시기

면접 준비는 평소에 해야 한다. 서류 합격하고 준비한다고 해서 합격률이 큰 폭으로 올라가진 않는다. 스크립트를 어설프게 암기하는 경우가 최악이다. 필자도 면접 과정에 참여해봤지만, 기계적인 말투로 말을 하는 지원자와는 심리적인 교감을 하기 어렵다. 여러분이 친구를 만들 때를 생각해보자. 처음 만난 자리에서 교과서적인 대답만 한다면 오히려 심리적인 장벽이 형성될 거다. 면접 때 중요한 건 얼마나 올바른 답을 말하는지보다 얼마나 진실한 이야기를 들려주느냐다. 필자가 면접에 참여했을 때 실제로 있었던 일이다. 여러분은 A와 B지원자 중에서 누구를 뽑고 싶은지 선택해보자.

[질문] 자기 단점과 그걸 극복한 사례를 말해주세요.

A지원자 : 제 단점은 예의를 지나치게 중요시한다는 점입니다. 체대 재학 당시 선배들에게 윗사람을 존중하는 방법에 대해 배웠습니다. 그들에게 배운 내용이 당연히 옳다고 생각해 조별 과제나 아르바이트 당시 후배에게 같은 방식을 강요했습니다. 하지만 그들은 저를 이해하지 못했습니다. 저 때문에 아르바이트를 그만두고 싶다는 말에 큰 충격을 받았습니다. 자신을 돌아보는 계기가 됐습니다. 그 후로는 상대방의 관점에서 생각해보고, 의견을 존중하는 태도를 보였습니다. 주변 사람들은 제 변화를 긍정적으로 평가했습니다. 지금은 저와 같은 선배가 되고 싶다고 말하는 후배 학생이 많을 정도로 인정받고 있습니다.

B지원자 : 착한 성격이 제 단점입니다. 저는 살면서 거절을 해본 적이 없을 정도로 유순한 성격을 지녔습니다. 아무리 화나는 일이 있어도 화내지 않았고, 오히려 웃어 보이며 주변 사람들과 좋은 관계를 유지했습니다. 이러한 제 성격을 알고, 저를 이용하려는 사람도 있었습니다. 알면서도 싫은 내색하지 않고, 오히려 더 잘해줘서 미안한 감정을 느끼게 했습니다. 단점이지만 이것도 제 일부분이라고 생각합니다. 이를 존중하면서 장점으로 승화시키기 위해 노력 중입니다.

여러분이라면 누굴 선택하겠는가? 대부분 A지원자를 뽑고 싶을

거다. 이유는 좀 더 공감을 얻을 만한 사례를 제시했기 때문이다. 체대생이라면 충분히 경험할 만한 내용을 공유했다. 그 후 개선한 내용을 제시함으로써 긍정적으로 변화한 모습을 설명했다. 적합한 문제 제기와 해결책 마련까지 모범적인 답변이라고 볼 수 있다. 이와 달리 B지원자는 지어낸 듯한 단점을 말했다. 사실상 살면서 거절을 단 한 번도 하지 않는 것은 불가능에 가깝다. 내용 신뢰도 자체에 의문을 품게 만든다. 해결책도 없다. 단순히 본인의 성격을 인정한다는 내용으로 끝난다. 저렇게 답변하면 탈락할 확률이 높다.

해당 사례를 보며 배울 수 있는 점은 상대방에게 공감을 얻을 만한 사례로 면접을 준비해야 한다는 점이다. 서류 합격 후 급하게 준비하려고 하다 보면 B와 같은 답변이 나온다. 평소에 면접 준비를 해야 하는 이유다. 더 큰 이유는 연습 기간이 짧으면 답변을 기계처럼 한다. 시간이 없으니까 무작정 외우려고 해서 발생하는 문제다. 미리 여러 가지 사례를 정리해둔 후 상황에 따라 적절하게 답변하는 연습을 해야 한다. 면접은 어떻게 자기 스토리를 설득력 있게 전달하는지가 중요한 만큼 가능한 한 다양한 일들을 정리해두자.

면접 연습은 혼자 하지 말고 같이 하자. 주변에 친구가 있다면 역할을 바꿔가며 면접 준비를 하는 방법이 적합하다. 본인이 인사담당자 역할을 직접 해봐야 그들이 어떤 질문을 할지 사전에 파악할 수 있다. 이에 더해 객관적인 시각에서 상대방을 분석해봄으로써 문제를 사전에 방지할 수도 있다. 또 다른 방법은 전화 통화를 이용하는 방법이다. 시간이 부족한 만큼 효율적으로 면접을 대비할 수 있다. 다양한 사람과 대화하는 것만으로도 면접 당일에 도움이 된다. 필자 역시 취업 기간에는 일부러 주변 사람들에게 더 전화하며 말하는 연습을 했다. 말을 할수록 화술이 느는 만큼 가족, 친척, 친구에게 전화한 후 스토리텔링을 연습해보자. 면접 실력이 늘고, 주변 사람과 관계도 좋아질 거다.

합격을 부르는 행동 vs
불합격을 부르는 행동

1. 이것만은 반드시, Do it!

(1) 처음 인사와 자기소개에 신경 쓴다

너무 당연한 말 같지만, 기본을 못 지키는 사람들이 생각보다 많다. 처음 시작은 "안녕하십니까, 지원자 ○○○입니다"로 간결하게 시작하는 방법을 추천한다. 이유는 시작부터 너무 거창하면 면접관은 부담을 느끼기 때문이다. 예를 들어 "저는 불타는 정열을 지닌 지원자 ○○○입니다"라던가 "몸을 녹여 조직에 헌신하는 촛불 ○○○입니다"는 유치하다고 생각한다. 자신을 새에 비유하거나 물건에 비유하는 방법은 정말 참신한 표현 아니라면 추천하지 않는 방법이다. 좋은 평가를 받을 수 있는 콘텐츠는 뒤에 말해도 되니 처음에는 간결하게 시작하자. 과유불급이라는 말을 기억하자.

(2) 면접관 눈을 바라본다

온라인에 익숙해진 현대 세대는 사람의 눈을 쳐다볼 때 부담을 느낀다. 눈은 그 사람의 심리 상태를 알 수 있게 하는 마음의 창이다. 좋은 시선으로 면접관을 응시하는 건 당락에 영향을 미칠 정도로 긍정적인 영향을 미친다. 사람은 이성보다는 감성적인 동물이다. 면접관들도 자신들은 이성적이라고 생각하지만, 결국 마음이 끌리는 지원자를 선택한다. 자신 있는 눈빛으로 자기소개를 한다면 좋은 첫인상을 남길 수 있다. 바닥이 아닌 면접관 눈을 응시해서 자신을 어필하라.

(3) 논리적으로 구성하라

1분 자기소개는 시간이 정해진 만큼 논리적인 방식으로 자기 의견을 개진해야 한다. 순서는 일단 중요한 내용을 처음 말한다. 자신이 어필할 수 있는 가장 핵심 요소를 언급해야 한다. 그 후로는 그 주장에 대한 근거를 제시한다. 왜 자신이 그렇게 생각하는지 객관적인 수치로 제시해야 한다. 예를 들어 자신이 마케팅 역량이 뛰어나다고 주장을 했다면 이에 대한 근거 자료를 뒤에 제시해야 한다. 근거는 공모전 수상 횟수와 같이 구체적인 수치로 제시하는 것이 좋다. 너무 깊게는 설명하지 말고 최대한 명확하고, 객관적으로 말해 흥미를 자아내는 것이 핵심이다. 주장-근거-예시 구성을 잊지 말자.

2. 이것만은 피하자, Don't do it!

(1) 말끝을 흐린다

말끝을 흐리면 그 사람 능력을 의심하게 된다. "저는 공모전에서 우수한 성적을 얻었습니ㄷ…."처럼 정확한 표현을 하지 못하는 지원자가 탈락 1순위라고 생각하면 된다. 필자 역시 이와 같은 면접자들은 능력이 없고, 우유부단하다고 판단해서 부정적으로 평가했다. 말끝만 정확히 발음해도 스마트한 이미지를 줄 수 있음을 기억하자. 특히 비즈니스 관계에서는 자기 생각을 명확하게 표현하는 것이 중요하다. 아나운서 대본 리딩을 들어보면 항상 끝부분은 명확하게 발음한다. 이들을 교과서 삼아 따라 한다면 실력 향상에 많은 도움이 된다.

(2) 주어진 시간을 초과한다

주어진 시간 초과는 기본 예의에 어긋난 행동이다. 면접관은 다수의 사람을 면접해야 하기에 피로도가 누적된 상태다. 또한, 빠르게 다른 지원자들도 평가해야 하는데 혼자서 3분 이상 자기소개에 소비한다면 상대적으로 다른 문항을 질문할 시간을 잃는다. 1분 자기소개는 말 그대로 1분 동안 자기 생각을 정리해서 표현해야 한다. 지원자가 얼마나 준비했는지 명확하게 드러나는 부분이다. 자신이 평소에 열심히 준비했다면 1분 내외로 마무리할 수 있지만, 급작스럽게 대답하려면 횡설수설하다 1분을 넘긴다. 기본적인 면접 문항인 만큼 항상 준비해서 면접에 임하자. 첫인상이 면접 전체 분위기를 결정한다.

(3) 목소리를 작게 한다

목소리 크기는 면접자의 자신감을 드러낸다. 너무 커선 안 되지만 그렇다고 너무 작으면 마이너스다. 둘 중 더 안 좋은 경우는 목소리를 작게 하는 경우다. 목소리가 작은 지원자는 자신감이 없어 보인다. 자신감이 없다는 말은 매력이 떨어져 보인다는 말과 같다. 소심하고 내성적인 사람을 안 좋게 보는 경향이 있기에 반드시 적당한 목소리 크기로 대답하자. 적당한 크기는 평상시에 본인이 가족과 말할 때 목소리보다 약간 더 크게 말하면 된다. 그래도 모르겠다면 지금 당장 24시간 뉴스를 틀고 아나운서 목소리 크기를 확인하라. 그 정도 목소리 톤이 가장 신뢰를 얻을 수 있다.

면접 준비하는데
보고서를 써야 하는 이유

'특별하거나 잘해야 뽑힌다.' 이 문장을 기억하자. 여러분이 만약 사장이라면 둘 중 한 가지 요소를 지닌 사람을 원할 거다. 첫째, 성장 가능성이다. 지금 당장은 못 하더라도 이 사람이 미래에 더 큰 가치를 제공할 거 같다고 판단이 되면 채용한다. 신입 같은 경우는 의지, 관심사만 있어도 채용이 되는 이유다. 지원자의 스펙이 높아지고 있지만, 방향성은 이에 반비례한다. 자신이 많은 것을 보유했다는 생각에 경영 지원, 기획, 마케팅 등 다양한 분야에 무차별 지원한다. 그럼 면접관이 묻는 이 질문에 공허한 답변만 한다. "왜 지원하셨어요?"

성장 가능성을 보여주는 방법은 단순하다. 증거를 보여주면 된다. 면접관이 당장 확인 가능한 것은 회사 분석 보고서다. 여러분이 얼마나 적극적인지 보여줄 수 있는 증거물이다. 직무 지식이 뛰어나지 않아도 된다. 지금 당장 회사가 어떤 사업을 운영하고 있는지 확인해보자. 생각보다 회사 관련 뉴스를 보지 않고 참여하는 사람들도 많고, 회사가 어떤 제품을 판매하는지 모르는 지원자도 수두룩하다. 이런 작은 관심 하나하나가 여러분을 정의한다. 필자도 직접 면접에 참여해보면 그 사람이 어떤 성향을 지닌 사람인지 느낄 수 있다. 가끔은 화가 날 정도로 준비하지 않고 면접에 임한다. 회사랑 지원자 모두 시간 낭비니까 준비하지 않을 거면 면접 참여 자체를 하지 말자. 면접은 로또가 아니다.

회사 분석 보고서 작성법은 다음 순서대로 진행하자. 우선, 회사 상황을 분석해야 한다. 재무 상태, 업계 등 다양한 측면에서 자료 조사를 한 후 주제를 선정하자. 재무로 방향을 잡으면 영업 이익률을 높일 방안을 제안할 수 있다. 업계 관련해서 작성하려면 경쟁사와 비교하며 어떤 부분이 뛰어나고, 부족한지를 말해야 한다. 그후 약점을 극복할 방안을 제시한다면 논리적인 형식을 갖출 수 있다. 틀을 먼저 잡고 세부적인 자료 조사를 진행하면 된다. 좀 더 눈에 띄는 자료를 만들고 싶다면 설문 결과를 근거 자료로 사용하자. 주변 사람들 대상으로 설문을 조사한 후 그들의 생각을 추가하는 것도 좋은 평가를 얻을 수 있다. 대신 표본 추출을 다양하게 해서 신뢰성을 높여야 한다. 단순히 10대 3명을 설문하기보다 10대, 20대, 30대 각 1명에게 물어보는 게 신뢰도가 더 높다.

결론적으로 보고서 순서는 상황 분석, 문제 제기, 해결책, 기대 효과순으로 제시하면 된다. 앞에 제시한 파워포인트 구성과 유사하다. 사실 논리적인 글쓰기는 대부분 이와 같은 형식을 취한다. 여기서 어느 부분에 더 집중하는지만 다를 뿐이다. 가장 중요한 건 적절한 문제 제기다. 정확한 문제 정의가 올바른 해결책을 이끈다는 말이 있듯이 어떤 부분에 돋보기를 비출지 고민해야 한다. 신입 사원인 만큼 해결 방안은 구체적이기보다 창의적으로 작성하자. 신입을 뽑는 이유는 인원이 부족해서도 있지만, 좀 더 새로운 아이디어가 많기 때문이다. 회사에서 기대하는 내용을 제시함으로써 합격률을 높일 수 있다.

그럼, 이제 전문성을 증명할 방법을 알아보자. 이번에는 회사 분석 보고서가 아니라 자기 포트폴리오를 보여주는 거다. 채용공고 내용을 살펴보면 어떤 업무를 하는지 정확하게 파악이 어려운 경우가 많다. 그 업무가 어떤 일을 하는지 거시적으로 설명은 해놨지만, 이해하기 어렵다. 면접관도 마찬가지다. 여러분이 자기소개서를 아무리 잘 써도 문자가 지닌 한계점이 분명하다. 특히, 마케팅 직무가 그렇다. 과거, 한 온라인 마케터를 뽑는 면접에 참여한 경험이 있다. 블로그 마케터를 뽑으려고 하는데 한 지원자가 블로그 이웃 수를 1,000명 증가시켰다고 했다. 실무를 해본 사람이면 알지만 블로그 이웃은 '서로 이웃 추가하기' 기능만 잘 활용하면 누구나 이웃 수를 증가시킬 수 있다. 그것만으로는 지원자 역량을 파악하기 어렵다.

이런 한계를 극복하기 위해 자신이 직접 제작한 콘텐츠를 보여주는 방법이 좋다. 카드뉴스, 영상, 블로그 포스팅 등 결과물을 인사담당자에게 보여준다면 이해하기 쉽다. 그 사람이 어느 정도 역량을 지녔는지 파악 가능하다. 대신 결과가 좋았던 포스팅만 추려서 포트폴리오에 추가해야 한다. 간혹 열심히 했다는 이유만으로 포트폴리오에 추가하는 경우가 있는데 마케팅은 결과가 전부다. 아무리 디자인이 좋고, 열심히 노력해도 조횟수가 낮으면 큰 의미가 없다. 자신이 퇴사했더라도 콘텐츠는 남아 있으니까 지금까지 제작한 결과물을 모두 살펴보자. 예상외로 보물을 찾을 수도 있다.

면접관을 내 팀으로 만드는 비결

　면접 때 인사담당자 마음을 사로잡아야 합격할 수 있다. 인사담당자도 사람이다. 아무리 지원자가 뛰어나 보여도 매력이 없다면 채용하기 꺼린다. 사실 회사에서는 능력보다는 태도를 중요시한다. 일은 잘하는데 인성이 안 좋은 사람이 얼마나 회사에 악영향을 미치는지 알기 때문이다. 신입사원 때는 잘 모르니까 겸손하게 주변 사람을 대하지만, 어느 정도 익숙해진 후에는 본성이 나온다. 특히, 팀 내에서 에이스라고 불리는 사람들은 자신도 모르게 거만하게 행동하는 경우를 많이 봤다. 일은 잘하지만 좋은 평가는 받지 못하는 경우가 많다. 하지만 일을 좀 못해도 인성이 좋은 사람들은 능력보다 더 높은 평가를 받는다. 이처럼 사람에게 호감을 얻는 방법은 입사 후에도 중요한 만큼 잘 알아두자. 지금 제시하는 두 가지 전략만 기억해도 경쟁자보다 유리한 입지를 차지할 수 있다.

첫 번째 전략은 인사담당자를 무의식적으로 띄워주는 거다. 너무 아부하는 게 티가 나면 오히려 악영향을 미친다. 답변 도중에 가볍게 인사담당자를 칭찬한다면 여러분에게 호감을 느낄 거다. 필자는 면접 때마다 인사담당자를 칭찬할 수 있는 상황 전개를 미리 생각해둔다. 아래와 같은 상황을 예시로 살펴보자.

인사담당자 : 지원자님의 강점은 무엇인가요?

지원자 : 제 장점은 사람들과 빠르게 친해지는 겁니다.

인사담당자 : 어떻게 사람들과 쉽게 가까워지죠?

지원자 : 상대방을 관찰한 후 장점을 칭찬해줍니다. 인사담당자님을 예시로 설명하겠습니다. 인사담당자님 복장을 보면 패션 감각이 뛰어나다는 사실을 발견할 수 있습니다. 넥타이와 정장의 조화를 보며 옷을 잘 입으실 거란 생각이 들었습니다. 만약 인사담당자님과 친해져야 하는 상황이라면 패션 감각을 칭찬하고, 그와 관련한 대화를 할 것입니다. 이처럼 상대방의 강점을 빠르게 파악함으로써 주변 사람들과 쉽게 친해졌습니다.

이처럼 간접적으로 상대방을 칭찬해야 한다. 지원자는 사례를 말하는 것처럼 대화를 이끈 후 인사담당자 장점을 언급했다. 지원자 말이 진실이 아니더라도 인사담당자는 속으로 기뻐할 거다. 마키아벨리(Niccolò Machiavelli)가 《군주론》에서 '인간이란 자기기만에 빠지기 쉽기에 아첨이라는 질병으로부터 스스로를 보호하기 어렵다'라고 말할 정도로 사람은 칭찬에 약하다. 이와 같은 심리를 잘만 이용한다면 합격률이 올라갈 거다. 또한, 칭찬할 때는 구체적으로 해야 한다. '인사담당자님 인상이 좋아 보입니다'라던지, '얼굴이 잘생기셨습니다'와 같은 발언은 진실성이 없어 보인다. 다른 지원자가 답변할 때 면접관을 세밀하게 관찰해보면 칭찬할 만한 요소를 발견할 수 있을 거다. 혼자 면접을 보더라도 강점을 묻는 문항은 중후반에 나오므로 대비할 시간이 충분하다. 칭찬을 잘 활용해보자.

두 번째 전략은 답변 시에 면접관 눈을 바라보는 거다. 당연한 이야기 같지만, 생각보다 눈을 마주치지 못하는 지원자가 많다. 시선을 회피하는 순간 면접 합격률이 급격히 낮아진다는 사실을 잊지 말자. 실제로 관련 연구를 살펴보면 눈 마주침이 왜 중요한지 알 수 있다. 영국 런던대학 인식신경과학 연구소에서 근무하는 커누트 캠프 박사는 관련 연구를 진행했다. 상대방과 눈을 마주칠 때 뇌 보상센터인 복선 조체 활동이 활발해진다고 밝혔다. 매력적인 얼굴일수록 활동 강도가 높아짐을 실험을 통해 확인했다. 캠프 박사는 남녀 8명에게 낯선 사람의 얼굴 사진 40장을 보여줬다. 반응을 확인하기 위해 기능성 자기공명 영상촬영장치로 뇌의 혈류량을 측정했다.

결과는 흥미로웠다. 실험자와 정면으로 마주 보는 얼굴은 복선 조체 활동이 증가하고, 매력을 느꼈다. 하지만 시선을 마주치지 않는 사진에는 아무리 매력적인 얼굴이라도 호감을 느끼지 않았다. 즉, 시선 맞춤이 그 사람의 호감도를 결정한다는 것이다. 면접 전에 항상 이 사실을 기억하고, 인사담당자 눈을 피하지 말자.

최종 합격한 당신에게
해주고 싶은 말

취업이 전부가 아니다. 지금 당장은 모든 걸 이룬 거 같겠지만, 지금부터 실전이다. 대학이랑 마찬가지다. 학창시절에는 대학교에만 입학하면 모든 게 해결될 것처럼 느꼈을 거다. 지금 생각해보면 대학 들어가서 더 큰 고민을 했다. 바다 한가운데 표류하는 배처럼 방향성을 잃는다. 고등학생 때까지는 대학이라는 명확한 목표가 있지만, 대학 입학 후에는 자신만의 길을 찾아야 한다. 특히, 성적에 맞춰서 입학한 경우가 많기에 진로에 대해 고민하기 시작하는 시기이기도 하다. 상상 속에 그리던 대학 생활과 자신이 경험하는 현실에는 큰 오차가 있음을 여러분은 이미 한번 경험했다.

입사 후 첫 출근 날을 잊지 못한다. 무거운 사무실 분위기와 어떤 걸 해야 할지 몰라 멍하니 앉아 있었다. 선배 직원들이 돌아가면서 사주는 커피를 마실 때도 현실감이 없었다. 긴장 속에서 하루가 어떻게 지나가는지도 몰랐다. 6시 30분에 퇴근하는 지하철 안에서 마음속 공허감이 커졌다. 너무 힘들다는 생각만 들었다. 야생 속에 방류된 강아지가 이런 심정이 아닐까 싶었다. 그날따라 하늘이 더 붉게 느껴졌다. 집에 돌아오기까지 1시간 30분이 걸렸다. 많은 생각을 할 수 있는 시간이었지만, 1시간 이상 서서 퇴근하다 보니 다른 생각을 할 겨를이 없었다. 그냥 힘들다는 생각뿐이었다.

"아빠 저 그냥 이 회사 퇴사해야 할 거 같아요." 집에 도착하자마자 한 첫마디다. 12시간 이상 공부하며 토익 900점 이상 취득하는 것과는 다른 고통이었다. 아버지는 쓸데없는 소리하지 말고 들어가서 자라고 말씀하셨다. 합격의 즐거움이 단 12시간 만에 증발했다. 출근한 지 하루밖에 지나지 않았는데 벌써 가기 싫었다. 답은 시간이었다. 입사 후 업무보다는 무뎌지는 법을 배웠다. 인간은 적응의 동물임을 다시 한번 체감했다. 불편하게 느껴졌던 사수와 형, 동생할 정도로 가까워졌고, 팀원과 어려움을 함께 극복할수록 서로 간의 신뢰가 커졌다.

필자 사례처럼 입사 후 더 큰 어려움을 겪을 수도 있다. 이때 중요한 건 문제를 받아들이는 태도다. 그 고통을 단순히 힘들다고만 생각하면 여러분은 성장할 수 없다. 술 한잔 마시며 견디는 것도 중요하지만, 힘든 과정을 성장의 기회로 승화시키는 게 더 중요하다. 가장 큰 문제는 회사 내에서 성장하기 어려움을 느끼는 경우다. 이때 대처 방안은 두 가지다. 능력을 개발할 수 있는 회사로 이직하거나 회사 내부를 자신이 주도해 바꾸는 거다. 어느 선택이라도 좋지만, 항상 성장하려고 노력하는 자세는 잊지 말자.

필자도 취업 관련 사업을 회사 다니는 동안 준비했다. 시간이 없다고 생각할 수 있지만, 찾아보면 생각보다 많은 자투리 시간을 발견할 수 있다. 남들이 쉴 때 노력해야 차별화된 가치를 만들 수 있기에 항상 자기 경쟁력을 높일 방안을 고민해보자. 회사에 어느 정도 적응하며 마음이 약해지기 쉽다. 대리 정도 직급이 되면 회사 내부 시스템도 어느 정도 익숙해지고, 생활 방식도 몸에 익는다. 그때 대부분 사람이 발전을 선택하기보다 편안함을 추구한다. 퇴사 후 치킨집 창업이 많은 이유이기도 하다. 회사는 여러분을 끝까지 보호해준다는 사실을 잊지 말고, 자기 전문성을 키울 방법을 항상 고민하자. 온실 속 화초는 쉽게 죽는다.

| 감사의 말 |

이 책은 필자를 믿고 맡겨준 많은 취업 준비생 덕분에 쓸 수 있었다. 5,000명이나 되는 사람들에게 선택받았다는 사실이 아직도 현실감이 없다. 작업을 함께한 모든 분께 감사의 말을 전하고 싶다. 사실, 자기소개서를 작성할 때마다 큰 부담감을 느낀다. 다른 사람의 인생이 달린 문제인 만큼 매 순간 최선을 다한다. 너무 힘들어서 포기하고 싶은 경우도 많았지만, 지금까지 활동을 이어갈 수 있었던 것은 합격을 전하는 사람들이 있었기에 가능했다고 생각한다. 장문의 메시지로 감사함을 표현한 분들이 없었다면 이 책도 존재하지 않았을 거다.

가족들에게도 감사함을 표하고 싶다. 고민이 있을 때마다 항상 올바른 답을 제시해준 부모님과 옆에서 행보를 응원해준 아내에게 진심으로 고마움을 느낀다. 이 책을 끝까지 쓰는 건 혼자만의 힘으로는 어려웠을 거다. 옆에서 믿고 힘을 준 사람들이 있었기에 가능했다. 가장 가까이에 있는 만큼 소중함을 잊지 않으려고 노력한다. 이번 책 출판을 계기로 다시 한번 자신과 주변을 돌아볼 수 있었다. 어떤 일이라도 가족이 곁에 있다면 성취할 수 있음을 배웠다.

끝으로 필자에게 글쓰기를 알려준 모든 분께 감사함을 전한다. 글은 쓰면 쓸수록 부족하다고 느끼는 영역이다. 대학생 시절, 기자를 준비했을 때가 자신감이 가장 컸던 걸로 기억한다. 그 호기로운 자존심을 꺾고 자기 위치를 깨달을 수 있게 해준 글쓰기 전문가분들에게 감사하다. 대학 교수님들부디 인론사 현직자분들이 지금의 나를 만들었다고 생각한다. 그들의 가르침을 잊지 않고, 글쓰기 실력을 키워나가려고 한다. 지금은 학생이 아니라 취업컨설턴트로 타인 앞에 서는 만큼 더 큰 책임감을 품고 펜을 들 예정이다.

이번 책 쓰기는 끝났지만, 또 다른 시작이라고 생각한다. 책 쓰기를 통해 많은 깨달음을 얻었다. 부족한 부분을 발견했고, 이를 채우며 성장했다. 책을 쓰며 배운 내용을 토대로 더 많은 사람에게 긍정적인 영향을 전달하고자 한다. 자기소개서라는 종이 한 장이 여러분의 가치를 모두 담아낼 순 없다. 하지만 회사가 원하는 정도의 정보는 충분히 전달할 수 있다. 아름다운 현재 모습을 기록하기 위해 사진관을 방문하는 것처럼 자기 경쟁력을 문서에 오롯이 담아 내고 싶다면 필자를 찾아와라. 여러분은 합격할 자격이 있다.

당신은 합격할 자격이 있습니다

제1판 1쇄 | 2021년 10월 20일

지은이 | 남현우
펴낸이 | 유근석
펴낸곳 | 한국경제신문*i*
기획제작 | (주)두드림미디어
책임편집 | 이향선, 배성분   디자인 | 얼앤똘비악earl_tolbiac@naver.com

주소 | 서울특별시 중구 청파로 463
기획출판팀 | 02-333-3577
E-mail | dodreamedia@naver.com
등록 | 제 2-315(1967. 5. 15)

ISBN 978-89-475-4747-5 (13320)

**책 내용에 관한 궁금증은 표지 앞날개에 있는 저자의 이메일이나
저자의 각종 SNS 연락처로 문의해주시길 바랍니다.**

책값은 뒤표지에 있습니다.
잘못 만들어진 책은 구입처에서 바꿔드립니다.